领导力革命

〔美〕约翰·P.科特
廉晓红 栾涌泉 译
廉晓红 审校

商务印书馆
2012年·北京

图书在版编目(CIP)数据

领导力革命/〔美〕科特著;廉晓红,栾涌泉译. 北京:商务印书馆,2005(2012.6重印)
ISBN 978-7-100-04681-7

I. 领… II. ①科…②廉…③栾… III. 企业领导学 IV. F272.91

中国版本图书馆CIP数据核字(2005)第107035号

领导力革命

〔美〕约翰·P.科特 著

廉晓红 栾涌泉 译

廉晓红 审校

商务印书馆出版

(北京王府井大街36号 邮政编码100710)

商务印书馆发行

北京瑞古冠中印刷厂印刷

ISBN 978-7-100-04681-7

2005年12月第1版　　开本710×1000 1/16

2012年6月北京第2次印刷　　印张12¾

定价:32.00元

商务印书馆—哈佛商学院出版公司经管图书翻译出版咨询委员会

（以姓氏笔画为序）

致中国读者

哈佛商学院经管图书简体中文版的出版使我十分高兴。2003 年冬天，中国出版界朋友的到访，给我留下十分深刻的印象。当时，我们谈了许多，我向他们全面介绍了哈佛商学院和哈佛商学院出版公司，也安排他们去了我们的课堂。从与他们的交谈中，我了解到中国出版集团旗下的商务印书馆，是一个历史悠久、使命感很强的出版机构。后来，我从我的母亲那里了解到更多的情况。她告诉我，商务印书馆很有名，她在中学、大学里念过的书，大多都是由商务印书馆出版的。联想到与中国出版界朋友们的交流，我对商务印书馆产生了由衷的敬意，并为后来我们达成合作协议、成为战略合作伙伴而深感自豪。

哈佛商学院是一所具有高度使命感的商学院，以培养杰出商界领袖为宗旨。作为哈佛商学院的四大部门之一，哈佛商学院出版公司延续着哈佛商学院的使命，致力于改善管理实践。迄今，我们已出版了大量具有突破性管理理念的图书，我们的许多作者都是世界著名的职业经理人和学者，这些图书在美国乃至全球都已产生了重大影响。我相信这些优秀的管理图书，通过商务印书馆的翻译出版，也会服务于中国的职业经理人和中国的管理实践。

20 多年前，我结束了学生生涯，离开哈佛商学院的校园走向社会。哈佛商学院的出版物给了我很多知识和力量，对我的职业生涯产生过许多重要影响。我希望中国的读者也喜欢这些图书，并将从中获取的知识运用于自己的职业发展和管理实践。过去哈佛商学院的出版物曾给了我许多帮助，今天，作为哈佛商学院出版公司的首席执行官，我有一种更强烈的使命感，即出版更多更好的读物，以服务于包括中国读者在内的职业经理人。

在这么短的时间内，翻译出版这一系列图书，不是一件容易的事情。我对所有参与这项翻译出版工作的商务印书馆的工作人员，以及我们的译者，表示诚挚的谢意。没有他们的努力，这一切都是不可能的。

哈佛商学院出版公司总裁兼首席执行官

万 季 美

目录

CONTENTS

第一部分

领导力与变革

1. 世纪之交的领导力

1. 世纪之交的领导力

30年来，我一直在研究那些运营组织的人的行为，试图记录并解释他们在做什么、他们为什么这么做、以及他们的选择对其他个人和企业有什么影响。我开始这项工作的时候，脑海中并没有一个明确的想法，要以“领导力”为研究的中心。实际上，在我早期的著作中很少用到这个词。但是，我的研究方向最终还是指向了领导力，这个事实从某种程度上说明了关于我们所谓的“管理”工作不断进化的性质。

我开展了14项正式的研究和1000多次访谈，直接观察了几十名高层经理的行为，并搜集了无数调查结果，然后我完全确信，当前的大多数组织都缺乏他们所需要的领导力。而且这个缺口通常很大。我所说的不是10%的缺口，而是在各个层级的岗位上的200%、400%甚至更多的缺口。这并不是说一些没有才能、没有干劲的人占据了管理岗位。典型的情况恰恰相反，这些岗位上的人都很聪明、有经验、勤奋，有一些人还相当出类拔萃，而且几乎每个人都在努力做他们认为正确的事情。问题是他们中几乎没什么人具备企业、政府和其他机构日益迫切需要的领导力。

有人说，纵观历史，一直缺乏高素质的领导力。这种说法可能正确也可能不正确。但显而易见的是，在21世纪我们将面临变化更迅速、竞争更激烈的环境，这种环境需要更多的人具备更卓越的领导力，使企业繁荣发展。如果没有这样的领导力，企业就会停滞不前，迷失发展的道路，最终遭受惨重的后果。

我们要讨论的核心问题不是风格问题。我经常听见有人说，在新的世纪我们需要“崭新的领导风格”。在全球化的世界中，劳动力受过更好的教育，他们变得不容易理解，也不愿意服从。确实需要一种新的领导风格，但风格并不是关键的领导问题。内容才是关键问题。内容指的是工作中的核心行为，而不是表面的细节和技巧，这个核心在不同的时期、文化环境和行业中都基本不变。

也有人说，缺乏领导力带来的后果是微乎其微的，因为企业内外有很多因素会影响企业的业绩表现。我同意通常有很多因素会影响组织的业绩，但是其中大部分因素都会受到领导力优劣的影响。如果这种影响导向了错误的方向、变革迅速却毫无方向、或者轨道合理但速度不足，都可能产生不幸的后果。在极端的情况下，企业将破产，工作岗位不复存在，客户、社会和财务利益会受到损害，员工的职业发展也将偏离轨道。在不那么极端的情况下，公司的业绩不佳，基本上要面临与前者同样的后果，只不过程度稍轻而已。这些问题会通过数字显示出来，有的时候很容易理解，但通常却不好解释。因为有些时候一个企业的业绩与竞争对手差不多，但是考虑到它的资产和起点，它实际上应该有更好的业绩。

比数字更引人注目的是活生生的个人案例。他们的老板可能专制、不称职甚至也可能是愿望良好的，但是他们的失败领导将使整个企业遭受灭顶之灾。不管人们是大声地说出来还是默默忍受，这种痛苦都是巨大的。因为人们会由于不适当的流程再造而失去工作，或者在勉力维持举步维艰的经营业绩时人们由于备受压力而饱受折磨。

如果让组织中最高层的领导者面临这样的问题，很多人会争辩，至少是平静地反驳："是的，我们本来可以做得更好，但是……""竞争迫使我们……""在一个……的行业中，你能指望什么呢"。这种简单的对比测试经常可以把那些理解有效领导的高层经理与那些不理解的区别开。

领导力缺口的存在有许多原因，并且由于许多其他的原因，要纠正这个问题也很困难，其中相当重要的一个原因是问题的复杂性。但是问题并不在于具有领导者潜质的人数量有限。即使每 100 个人中有一个具有一点点领导潜质，全世界也有几千万人可以成为领导者了。现在的情况根本不是这样，这个事实应该也在一定程度上向我们揭示了教育和工作组织的失败，可能也包括家庭的失败。

组织不培养人才，不鼓励人们去领导，并从错误和成功中学习，反而经常忽视培养领导者潜质，不但不提供相关的培训和角色模式，还惩罚那些在尝试领导的时候犯了一些小错误的人。个体也不能现实地估计自己的发展需要，不能先发制人地找到满足这些需要的方法，结果阻碍了自己的发展。

人们对于某些问题的混淆常常令我瞠目结舌。人们说的是“领导”，但实际上描述的是“管理”，或者只是讨论一种发号施令型的风格，或者是在发表多个领导会带来哪些混乱的演讲，要不就是用一些玄奥的术语来讨论。我曾无数次亲眼目睹一些很有头脑的人也有这种混乱的思维。如果连这些高素质的人士都会有这样的言论，那么我们就应该明确地知道，急需让人们更好地理解领导者究竟是做什么的。

十项评论

我关于这个主题的主要研究成果已经记录在几十本书籍和一系列文章中了。这些文章中最重要的是

1979～1999年间发表在《哈佛商业评论》(*Harvard Business Review*)上的六篇文章。这六篇文章以及我的综合评论构成了这本书的主体。

本书所收集的资料涉及到所谓管理研究所面临的一些固有挑战，以及对这些挑战的有效反应和无效反应有什么区别。本书第一部分的文章把焦点明确聚焦在领导力和变革，我认为这些组织活动在过去几十年中变得越来越重要了。第二部分介绍了现在的管理工作主要涉及到应付组织依赖性的问题，而不是行使权力的问题；管理者置身于一张与各种影响势力相互作用的网络之中，这个网络比任何组织结构图所描述的都要复杂得多；以及从这些观察中可以得到什么重要启示。两部分通过一个观点贯穿起来，我现在对这个观点的认识比写那些文章的时候更加清晰了。这个观点就是，变革使管理者处于一个更复杂的互动网络之中，变革越大，需要的领导力就越强。

当我发现在管理岗位上最有效率的人的行为似乎与管理行为的常规模式相差甚远时，我就初步形成了这些想法。后来我发现，这种异常的行为通常与领导力有关，而领导力又与变革有关，变革是我们这个时代的核心主题之一。

在1998年再回头反思这六篇文章，我认为把所有重要的观点都总结为十个核心的、相互联系的评论，似乎有一点事后聪明和讨巧之嫌(见图表1-1)。每一个评论都反映了在管理者工作的大环境中持续发生的重要变革，被伴随着技术、竞争全球化、市场全球化以及劳动力的人口统计学因素而来的强大力量所驱使的变革。这些力量正在摧毁20世纪中期的稳定局面，并极大地提高了变革的速度，这就要求管理者也能更迅速的变革，实现更大的飞跃。

图表 1-1 “管理行为”的十项评论

1. 如果管理者要对组织中的任何重要事项进行成功的变革，那么他的行动通常要包括耗时、复杂的八个步骤，绝不可能是非常简单、闪电式完成的工作。那些想机会主义地跳过几个步骤或不按照正确次序行事的管理者，很少能够达成所愿。

2. 尽管无论环境如何，变革通常都涉及到一个复杂的多阶段过程，但是每个案例中以转型为目标的有效管理者所采取的某些基本行动都是各不相同的，以适应他们所面临的环境中关键的特殊情况。对特定的情况不敏感、试图寻找万能药方的态度可能会带来灾难。

3. 由于许多原因，很多人会受到20世纪的历史和它带来的公司文化的影响，即使那些精明强干、善意的管理者也不例外，他们在试图进行重大的非渐进型的变革时常常会犯一些可以预见的错误。

4. 领导与管理不同，推动各种重要事项成功变革的主要力量是前者，而不是后者。没有充分的领导，犯错误的概率会大大增加，成功的概率则相应降低。无论变革是如何定义的，是叫作新战略、再造、收购、重组、质量计划、文化重新设计还是其他什么，这个观点都是正确的。

5. 由于变革的速度不断加快，领导在管理工作中所占的比例也不断增加。有太多处于权力岗位的人意识不到或不承认这个最重要的观点。

6. 逐渐地，那些处于管理岗位的人将被视为制定了充满规划（管理职能部分）和愿景（领导职能部分）的日程的人，视为通过良好的层级体系（管理）和复杂的合作关系网络（领导）来发展执行能力网络的人，以及通过控制（管理）和激励（领导）来执行的人。

7. 管理倾向于通过正式的层级体系来开展工作，而领导不是。所以随着变革逐渐打破障碍、形成更加扁平化的组织、更多的活动被外包出去、以及企业需要更多的领导力，管理岗位使人们置身于一个前所未有的复杂的关系网络之中。

8. 由于管理岗位逐渐成为一项领导任务，而且领导者通过复杂的依赖关系网络来开展工作，管理岗位也逐渐变成一种依赖他人的游戏，而不仅仅是对他人行使权力。

9. 当一个人开始从网络和依赖的角度来思考管理

工作，而不仅仅是从层级体系和正式的授权的角度来思考，就会产生各种有趣的启示。那些在传统上被认为很奇怪或者不合理的想法，比如说“管理”自己的老板，现在突然受到了重视。

10. 管理者和领导者每一分钟、每一小时所做的工作很少符合人们对于管理者、英勇的领导者或高级经理的一般看法，这个事实常常使处于管理岗位的人感到非常困惑，特别是那些刚刚晋升到管理岗位的人。但是如果考虑到了应尽的责任（既包括领导也包括管理）、困难的工作（既包括维护也包括变革）和本领域的关系网（它远远超过了正式层级体系的范围），那么管理者和领导者每天可以观察到的行为就是可以理解的。

在20世纪中期，这个世界是供不应求的和垄断的，有许多阻碍全球竞争的障碍，不需要大跨度的跳跃。产业的变革比现在缓慢，而这就要求组织的变革也相应减少。对于大部分情况来说，渐进式的转变已经足够了，可能每10年或20年才会出现大的飞跃。而现在，在越来越多的行业中，这样的方式就不够了，而且可能导致灾难。因此在过去几十年里，对组织进行转型的行动急剧增加，这些行动包括再造、重组、战略变革、质量计划、文化变革以及并购等等。

评论 1

如果现在的管理者要对组织中的任何重要事项进行成功的变革，不管他采取什么具体方法，这都是一个耗时的、高度复杂的过程，绝不可能是非常简单、闪电式完成的工作。

在那些最成功的变革案例中，人们会采取八个复杂的步骤。

(1)制造一种紧迫感；

(2)组建一个足够强有力的团队来指导这个过程；

(3)制定一个适当的愿景；

(4)广泛沟通这个新的愿景；

(5)使员工可以根据这个愿景采取行动；

(6)创造充分的短期成果，使他们的行动可信，使讽刺者无话可说；

(7)形成一种势头，并用它来解决那些棘手的变革问题；

(8)把新的行为稳定在组织文化当中。

要进行成功的飞跃，必须经历这八项行动，其中每一项都要花一些时间。单就第一项来说，制造一种紧迫感，对于任何规模自我感觉良好的组织中可能都需要几个月的时间。制定适当的愿景和战略也可以在几周之内完成，但是通常要花 12 个月，甚至 24 个月的时间。要创造出所有必要的条件，使新的行动巩固下来，不会随着时间流逝而消失，可能要花几年的时间。这样的时间框架对于那些追求短期、快速反应的管理者来说是难以接受的。其中有一部分原因是他们采取的不是先发制人的战略，实际上他们总是试图赶上表现最好的竞争对手。他们难以抗拒跳过一两个步骤或者快速完成整个过程的诱惑。所以，再造、重组等等只能推动组织渐进式地前进，而且成本往往很高。

人们确实完成了一些表面上看起来更迅速也更容易的成功变革。进行大型的收购，使组织结构和系统合理化，并且似乎在 5 个月内就完成了整个过程。但是这种表面现象是具有欺骗性的。任何规模的收购都涉及到大量繁琐的工作，才能把两种（或更多种）不同的文化融合在一起。这个过程开始 5 个月后，通常文化的整合还几乎没有开始。然而如果转型中的这个部分被忽视了，或者处理得不好，可能在今后几年或者几十年里，都会不断有问题浮出水面。两种不同的运作方式或者两支不同的团队会发生微妙或明显的冲突，使人们不能把精力集中在企业真正的业务上。

评论 2

无论外部环境如何，变革通常都涉及到这

个复杂的八阶段过程；但是每个案例中以转型为目标的有效管理者所采取的某些基本行动都是各不相同的，这样才能适应他们所面临的环境中关键的特殊情况。

愿景应该在多么早的阶段定案，在决定和实施愿景的时候应该有多少人参与，应该在多大程度上考虑来自各个方面的阻力，这些问题如何解决为适宜，在每次变革中都是不一样的。

在任何具体的情况下需要做出的选择都会受到很多因素的影响，包括预期会遇到的阻力有多大（阻力越大，要克服它就越困难）；风险有多大（风险越大，就越需要制定正确的愿景，即使这需要花费更多的时间，经过更多次修订）；以及在构建和实施愿景的过程中对组织中较低层次的需要程度（对较低层次的依赖越大，就要让他们更多地参与和分享制定愿景的过程）。

如果人们使用在过去的变革中奏效的战术，而没有考虑新的形势是不一样的，就经常容易惹来麻烦。例如，如果一个以培训为主的方法过去在向员工授权方面获得了一次次成功，管理者就可能再次使用这个方法，即使新的核心问题是来自上级和管理者的阻力，而不是没有相关知识的下级。或者，如果一个以最大速度为前提的方法过去非常奏效，高层经理就会继续使用这种方法，即使需要更多时间来处理来自更有力量的雇员群体的阻力。一般来说，策略发挥作用的时间越长，我们就越意识不到新的偶然事件。一把锤子过去发挥的效果越好，就越可能把所有的新问题都看成钉子去解决。

评论3

由于许多原因，即使是那些非常精明强干、善意的管理者在试图进行重大的非渐进型的变革时，也常常会犯一些可以预见的错误。

失败并不仅仅是因为缺乏才能。那些最具能力的人有时会过于自满。他们不具备形成一个强有力的领导联盟的能力。他们不能形成足够的愿景，对愿景的沟通不充分，或者无法清除足够多的变革障碍。他们没有制定充分的计划来创造短期的、有利于建立可信度的成果，而一旦取得了初步的成果，他们又太急于宣布胜利。他们没有把新的方法与文化充分联系起来，或者创造新的文化来获得新方法的支持。从战术的角度来说，他们可能会在需要使用强制手段的时候却采用教育的手段，在需要更好的沟通的时候谈判细节，在支持更能发挥作用的时候却进行操纵。

如果我们对于处理重大的变革有更多的经验，这样的错误就不会频繁出现了。但是很多人接受的教育是适应比较稳定的世界的，并且一直在比较稳定的世界里发展，而这样的世界现在基本上已经不复存在了。有太多人接受的教育只能管理现在的体系或进行渐进式的转变，他们从来不知道该如何提供进行更大的飞跃所需要的领导力。

评论 4

领导力的问题之所以十分重要，是因为领导与管理不同，推动各种重要变革成功的主要力量是前者，而不是后者。没有充分的领导，犯错误的概率会大大增加，成功的概率则相应降低。

我们在这里讨论领导问题，是把它看作制定愿景和战略的过程，把这些战略背后的相关人员联合起来的过程，以及为了克服阻碍、实现愿景，向个体授权的过程。这与管理是相反的，管理是通过计划、预算、组织、人员配置、控制和解决问题来维持现有体系运作的一种活动。领导是通过个人和文化发挥作用，它是软性的、热情的。管理通过层级和系统发挥作用，它更生硬、更不涉及感情。

管理与领导的这一差异不是任意规定的，也不仅仅是语义上的差别。实际上，这个差异非常重要，如果不了解这个差异就会造成重大的混淆。把管理当成领导的人会管理变革，把变革置于控制之中，但是他不能提供实现更大、更困难的飞跃所需要的基本要素。

那些没有承担起领导角色的高级经理几乎都必然陷入这样的困境。他们很少形成足够的紧迫感，低估对指导变革的强有力的联盟的需求。他们只制定计划和预算，而不是制定愿景以及实现愿景所必需的战略。他们几乎对于每个新的方向的沟通都不充分。他们不能清除足够的障碍，使员工可以为了实现愿景采取行动。他们急于宣告胜利。而且他们没有把新的方法制度化，成为组织文化的一部分。

问题并不在于领导是好的，而管理是坏的。它们完全不同，而且服务于不同的目的。管理的基本目的是保持现有系统正常发挥作用，而领导的基本目的是进行有益的变革，通常是非渐进式的变革。两者都可能太多或太少。没有管理的强有力领导带来的风险是混乱，组织可能冲入危险的深渊。没有领导的强有力管理则可能把组织困在极度的官僚主义之中。

评论 5

领导在管理工作中所占的比例不断增加，因为变革的速度在不断加快。

几十年以前，产品生命周期可能是15年，而现在同样类型的产品生命周期可能只有4年。30年前，对客户投诉的反应时间可能以天为单位计算，而现在必须以小时为单位计算。40年前，组织更新计算机的速度可能是10个月、20个月、甚至36个月。因此，高效率的高级经理现在可能要把80%的时间用在领导职能上，而不久之前可能只有40%。即使那些基层管理者可能也要把至少20%的时间用在领导职能上，而且在一些活力比较旺盛的行业中可能要花更多的时间。

“管理”工作性质的这种转变非常重要，因为领导和管理的差别非常大。这就好像要完成的工作突然从会计转变到既当会计又弹钢琴。或者，好像突然要求那些把在小餐馆里弹钢琴当成第二职业的人，把主要工作转变成交响乐团成员，而把会计作为兼职。无论在什么情况下，这样的转变对于大多数人来说都是困难的，对于有些人来说是根本不可能的。但是人们对于什么是会计、什么是弹钢琴可能又有一些混淆，这就使问题又复杂得多了。

类似地，人们对于什么是领导、什么是管理也存在混淆，这使今天的管理问题大大复杂化了。结果，有些人本来应该做领导工作，但是却做了更多管理的工作，当他们的行动没有得到上级或客户的赞赏时，就变得非常沮丧。团队是解决问题的一种方式，但是人们不会把管理者和领导者组成一个团队，因为他们的界限是不清晰的。所以，管理者要和管理者组成团队。领导者是很少的，他们仍然被看作是潜在的危险的叛逆者。

因为那些经营组织的人现在被迫同时完成管理和领导工作，他们工作的复杂性增加了，这要求他们使用一些新的词汇。

评论 6

逐渐地，那些处于管理岗位的人将被视为制定了充满计划和预算（管理职能部分）和愿景与战略（领导职能部分）的日程的人，视为通过层级体系（管理）和复杂的合作关系网络（领导）来发展执行能力网络的人，以及通过控制（管理）和激励（领导）来执行的人。

由于个人的倾向和工作的需要，在各个岗位之间规划与制定愿景所占的比例是不同的，组织层级体系和建立关系网络的比例是不同的，控制和激励的比例也是不同的。一般来说，一个人在组织中所处的位置越高，他就越需要把更多的精力投入到领导工作中去。

当我们使用管理行为的时候，使用行动日程和关系网络的广义概念可能是非常有益的，因为广义的概念可以忽略领导和管理的分类，从而具有一定的一致性。和纯粹的领导一样，纯粹的管理也会制定日程，开拓关系网络,只不过二者采取的方式完全不同。但是现在,几乎没有什么情形只需要其中的一种,通常都既需要管理行为也需要领导行为。

热衷于领导的人面临着放弃旧的词汇表的诱惑。但是,即使在需要更多领导的工作中,通常也具有一定的管理成分。日程表和网络可以帮助我们从只讨论规划和控制发展或者只讨论愿景和激励,发展到充分利用两方面的观点。

评论 7

管理倾向于通过正式的层级体系来开展工作,而领导不是。所以随着变革导致组织需要更多的领导者,管理岗位使人们置身于一个前所未有的复杂的关系网络之中。

在比较稳定的世界中,主要的活动是管理,重要的工作都是通过层级体系来完成的。所以就像企业组织结构图中显示的那样,人们下有下属,上有老板。而在一个不断变化的世界里,需要更多的领导力,有更多处于组织控制链之外的个人发挥着重要的作用,像公司文化这样没有在组织结构图中体现的无形资产也发挥着重要的作用。

因为新的产品战略可能需要新的信息系统、新的绩效评价方法、新的岗位、新的理念等等，与仅仅推行现存的产品战略的情形相比，发动变革的高层经理不得不关注更多的人。如果管理者只关注自己的下属，而在极大程度上忽略了人力资源员工和信息技术员工，忽略了努力实现他们的变革愿景的其他管理阶层，那么管理者就是失败的。

评论 8

由于管理岗位逐渐成为一项领导任务，而且领导者通过复杂的依赖关系网络来开展工作，管理岗位也逐渐变成一种非正式地依赖他人的博弈，而不仅仅是正式地对他人行使权力。

那些位于层级体系底部的狡猾的员工，看起来无关紧要，也没有什么能力，但是他们可能使执行任何战略的“重要的”管理者的日子变得更艰难，或更容易。这种员工的典型就是电影和电视剧《陆军野战医院》(MASH)中的雷德(Radar)，他是一个晋升缓慢的士兵，晋升的途径很可能到上校就停止了。在一个创造了很多雷德这样的员工的世界里，管理工作中将有更多的部分涉及到积极地处理对他人的依赖性。这些人可能是管理者在层级体系中的上级或下级，可能是组织内部的同事，甚至可能是组织外部的人。

依赖性的问题以前并不是完全没有出现过。至少从 20 世纪 30 年代开始就讨论过这个问题，但是当时的讨论基本上是平静和间接的，至少在一些比较严肃的场合是这样的。但，关于授权、责任、控制跨度、组织结构等主题的大部头著作则显得不那么平静了，这些著作如果写得好的话是非常有用的，但是它们关注的焦点通常是正式的授权、层级体系和管理。我在担任助理教授的时候最初形成的重要观点之一就是：因为管理岗位使人们更加依赖他人，包括那些在他们控制链之外的人，所以与传统的只强调正式权力的观点相比，关注依赖性对于管理工作更为有利。这一观点对有些人来说是显而易见的，但是有些人认为上级首先是并且主要是掌握权力的人，对于所有持这种观点的人来说，这一观点是违反直觉的。

我的一些 MBA 学生发现，在他们身上出现依赖性的情况比出现混淆的情况更多，特别是那些对管理岗位的经验比较少的学生更是如此。他们最初认为，管理工作是具有吸引力的，因为它意味着权力和控制。他们未来的职业可能会把他们推向依赖性的岗位，而不仅仅是权力，这种想法会使人丧失斗志。

评论 9

当你开始从关系网络、依赖和领导力的角度来思考，而不仅仅是从层级体系、正式的授权和管理的角度来思考，就会产生各种有趣的启示。

发号施令在管理工作中的重要性下降了。与网络中的人们建立良好的工作关系变成了更重要的挑战。管理者的关注焦点显然不能仅仅是指导下属。与上级建立积极的管理关系对于企业的健康发展是必需的。

1979 年当我写下这个观点的时候，很多人都非常诧异。由于人们抱着基本上沿着层级体系和控制链向下俯视的管理理念，管理老板（managing the boss，MTB）的概念在政治环境以外的地方显得没什么意义。然而，如果好的管理者的老板表现不佳，他们就会管理老板，使老板能够履行好他们的管理任务。并且，好的领导者总是能使所有的相关的人通力协作，而老板永远是相关的人。

有效的管理和领导还要求良好地管理上级，特别是行之有效的领导。这就意味着要理解老板以及他所处的环境，评价你自己和你的需要，并且开发并维持一种适合这种需要和风格的关系。这种关系的特点是互相期待，使老板能够随时了解信息，它以依赖性和诚信为基础，使老板可以有选择地利用他的时间和资源。这样的行为可以帮助你完成常规性的和转变性的工作。在你完成转变性的工作时，这样的行为可以使你不至于莽撞行事。大部分组织都不会容纳莽撞的人。

评论 10

管理者和领导者每一分钟、每一小时所做的工作很少符合人们对于管理者、英勇的领导者或高级经理的一般看法，这个事实常常使那些刚刚晋升到管理岗位的人非常困惑。但是如果考虑到了应尽的责任(既包括领导也包括管理)、困难的工作(既包括维护也包括变革)和本领域的关系网(它远远超过了正式层级体系的范围)，那么这些行为就是可以理解的。

如果对“管理者”或“领导者”日复一日的行动和反应进行仔细的研究，你就可以绘制出一幅图景，它与我们想象中的“精明的管理者”或“富有远见的领导者”完全不同。在“现实的生活”中，高效的高级经理会把大量的时间仅仅花在与其他人谈话上，包括与不是他们的下属的人。他们要处理的问题涉及的范围非常广泛，而不仅仅是他们的职能专业范围内的问题。处理问题的方式更可能是提出问题，而不是下命令。而且实际上需要做出的“重大”政策决策非常少。他们热衷于能够巩固关系的各种类型的闲谈和玩笑。并且，尽管他们是以非常随意的、通常是漫无条理的方式来进行这种活动的，但是他们的效率却相当高，能在很短的时间里完成多样化的任务（即领导任务和管理任务）。

如果你仔细研究那些高效的高级经理，你就会发现这些方法的逻辑，但是这些逻辑是很微妙的。因为与其他管理或商业问题相比，过去很少有人研究或讲授这些策略，所以即使高级经理本身也很难描述他们做了什么，以及为什么这么做。

世纪之交的思想

在1998年反思这十项广泛的评论以及文章中更详细的资料，我发现自己考虑了许多议题。现在，我的经验更丰富了，我看到了许多活动的长期效果、看到了具有高度道德标准的人带来的令人瞩目的经济成果；并且实际上，看到了道德标准、领导者和优秀业绩之间的联系。所以我不再强调管理老板，而是更多地强调努力帮助客户。我不再更多地讨论控制，而是更多地讨论新产品开发。毫无疑问，有些人可能会说，要为客户服务和开发新产品就需要管理老板和控制某些情况。在某种程度上，我同意这个说法。但是，如果不符合一个比较广泛的道德框架，越频繁地进行客户服务和新产品开发，这些行为就越可能伤害到其他人，获取短期利益的技巧就越可能损害一个组织长期发展的能力。对有些人来说，这些原则是正确的，可能也很明显，但似乎并不太重要。根据我的观察，伟大的领导者都把这个原则看得至关重要。

与 1987 年我第一次写领导与管理的区别时相比，现在对二者的混淆已经少了许多。但问题仍然是巨大的。我们说的是领导，但是实际上我们指的可能是管理，或者是领导和管理的某种结合，也可能是我们希望能够发挥领导作用的那些人，而不管这些人实际上做了什么。这种混乱说明，我们普遍缺乏对领导力真正含义的适当理解。

没有澄清领导力的含义，人们就不能发展正确的技能。培训的重点被集中在错误的主题上。这样，有时提拔了不适当的人选。最常见的情况是，有才能的人没有在工作中采取合适的行动。他们管理变革，却不提供领导者；他们管理员工，却不激励员工面对困境；他们成功地维持了企业运转，却没有抓住新机会或不能避开许多新的危险。

我所知道的最优秀的公司都努力澄清管理与领导之间的区别，或者非常幸运地有一个舵手，可以成为我们时代的行为榜样。但对大多数组织来说，要弄清楚这个区别一直非常艰难。在过去几年中，我看过十几种列举了“管理能力”的清单，都杂乱地混杂了管理、领导和其他技能，有些项目被漏掉了，也没有指明每种技能的优先顺序。关心自己企业的聪明人肯定能做得更好。

澄清这种混淆是很重要的，因为变革这个主题的重要性越来越大。更多的变革需要更多的领导力，如果我们不能清晰地指明清单中缺失了哪些元素，将很难进行领导。

变革一直跟随我们，将来也是如此。许多有思想的人认为今天的进化速度与50年、100年甚至1000年前没什么两样，但我不这样认为。我已经看到太多的产品生命周期从20年降到10年，从5年降到2年。我看到信息技术发展得越来越快，影响了我们所有人。我看到全球发生的一些事件，过去对人们的影响非常缓慢，现在几乎在瞬间就会对我们形成重大的冲击。我认为这个步伐不会放慢，这对于领导力这个主题有很大的影响。

当今的全球经济体系通过产品和市场把大约10亿人整合在这个体系之中，在全球58亿的总人口中就占有近六分之一。因此，德国的一个小镇可以从村外获得大部分产品和服务。但是印度、伊拉克和其他地方的成千上万个村庄还没有选择与更广泛的经济体进行整合。由于各种原因，几乎所有的未来学家都预测全球化进程将持续下去，这意味着更多的人将进入这个体系，从而带来机会、危险和变革。一个包括 20 亿人的全球体系将会比现在包括 10 亿人的全球体系更动态化，未来包括 30 亿人的体系将会更易波动。

直到最近，我一直很不愿意过高评价技术带来重大变革这个观点。在相当长的时间里，专家们一直在鼓吹技术对我们生活的影响，以至于我已经不再相信他们。不过现在我们似乎确实已超越了工业时代，这个结论令人震惊。

科技时代到来的一个明显迹象是，今天世界上最大的咨询公司原来都是审计公司，他们现在的工作都与信息技术有关。安盛咨询公司（Andersen Consulting）一家每年的业务就有十几亿美元，审计咨询师的人数几乎以每年两倍数的速度增长。如果你 1968 年在我毕业的时候告诉某个人，安盛咨询公司今天将是麦肯锡公司（McKinsey）规模的十倍，我想即使最疯狂的人也会觉得这个预言完全没有可信度。

人们可能认为，不断增长的受过良好教育的劳动力只不过是新信息时代的必然结果。但它会产生许多影响，至少像它对变革和领导所产生的影响一样。一个接受过大学专科教育的人可能会认为工作中的变革是一种威胁，而拥有电子工程硕士学位的人可能会在一定范围内渴望变革。而后者可能更不愿意接受一个对领导力知之甚少的经理的命令。

在这样的情况下，我现在认为，一个21世纪的、乐于变革的组织应时刻保持危机感，放弃自满情绪，而不仅是在刚开始进行重大变革的时候这样做。这样的组织应该强调团队，使它能够迅速组织起一个推动变革的联盟。企业应该始终在各个层面上都有一个愿景，在适当的时候更新这个愿景，并不懈地广泛沟通这些观点。应该始终授权员工可以向新方向发展，等等。如果具备了这些特征，在今天需要五年才能实现的变革也许只要一年或两年就能实现了，从而使企业在它所参与竞争的行业领域内，企业能紧随飞速变化的环境变迁而发展。

为了应付所有的变化和对领导力的需求，最优秀的组织中的高层管理者已经将更多的管理责任授权给低层管理人员。他们也开始清理门户，清除业已成不合适宜的管理行为。这两项活动都可以创造出一些空间，使高级经理有更多时间进行领导。他们中有些人会发现在工作中进行诸多变革的想法是危险的，于是抗拒变革。还有些人会认为变革是美好的、期待已久的机会，让他们有时间做他们早就认为必须做的事情。

在那些没有更多地从顶层授权、清除不必要的管理活动公司中，高层经理们越来越感到心力交瘁。每周工作时间从50小时增加到60小时，后来又增加到70小时，工作压力也日渐增长。在这个微观管理世界里，需要决策的问题堆积如山。由于人们试图采取一种防范性的态度，常常会制定一些狭隘的政策，结果使组织受到巨大的伤害。

在避免了这些缺陷的公司中，高层管理者将更多管理职能进行授权，首席执行官似乎可以把更多时间花在关于目标的基本问题上。我不是说企业的使命陈述，而是能够回答“为什么我会愿意在这儿工作?”“我们做的事情关键是什么?”类似这样的问题的某种东西。如果目标不清晰，而且具有强迫性，受过良好教育的员工很容易陷入像呆伯特(呆伯特是美国流行漫画的主人公。他被刻画为一位正直憨厚的员工。——编者注)一样萎靡不振的状态，严重影响职能的发挥。

并且，在那些成功地将适当的管理职责从高层授权到下层的公司中，通常会要求中层管理者把他们的传统任务委派给下层主管或工作团队，虽然也有例外。然后用信息技术帮助中层管理者更好地管理企业，比过去高层管理者做得还好。有些中层管理者抗拒变革，他们典型的说法是底下的人不具备自我管理的技巧，如果有机会进行自我管理，他们可能会失败，或者以权谋私。但也有一些中层管理者的反应很不同。这些人不会抗拒。相反，他们很高兴，认为变革给他们带来了自由，让他们可以自由地做他们认为必须做的事情。

无论管理者处于层级体系的哪一个层次，如果要掌握任何一套新的职责，即使对那些选择不抗拒的人，通常也需要进行个人开发。在这一点上，良好的角色榜样能帮上很大的忙。培训有时也有帮助。一种不因小的过错就进行严厉惩罚的企业文化也相当有帮助。这种学习通常并不容易，也很少能够一下子就全部学到。但是如果不成长，就会破坏企业的长期健康发展，伤害疲劳工作的员工。

有很多人仍然醉心于工作场所的正式的标志性事物的变革，这些标志性事物包括组织结构图、工作说明、任何硬性的、可见的和有形的东西等。他们认为这些标志性事物的变革可以作为实质性变革的手段。我今天才猛然醒悟到这样的人有很多。我并不是说正式权力的分配或者正式关系的安排不重要，根本不是。但变革更多地涉及到非正式的网络，而稳定则通常伴随着正式的层级体系。因此，正式的角色和关系只不过是转型和改革时期的一部分任务，通常是很小的一部分。每个 30 岁以上、处于管理岗位的人都在一定程度上了解这个事实，但是面临着困难的挑战，我们仍然常常会选择改变比较好下手的条条框框。

在许多方面，流程再造革命被沦为仅仅只是对流程进行生硬的模仿，这只会使问题变得更糟。这会增加许多硬性的政策，抛弃柔软、灵活的处理方式，本世纪的许多例子都是这样的，可能要除去 1982 年《追求卓越》一书出版后的十年。大量的类似流程再造这种工程的推销者都是咨询顾问，我认为他们只会使问题进一步恶化。当需要迅速完成一个项目的时候，他们总是建议进行重组，而不是解决一些更微妙、更柔和、更困难的行为问题。所以到处都向全球网络转变，引入更多的信息技术；根本没有考虑到管理层连比较简单的结构也应付不了，员工还没有吸收最新的信息技术。所以，当在变革行为最需要领导力的时候，我们却把精力放在重新编写工作说明上。

重新阅读这六篇文章的资料和回顾性的评论，我再次对管理岗位的巨大难度感到震惊。其中大部分岗位都需要管理，并且至少需要一部分领导力。尤其是在层级体系顶层的岗位，需要大量的领导力来处理不断变化的企业环境。在这些岗位上的人必须能够应付通常很复杂的计划系统和控制、组织结构和员工系统。他们必须能够在巨大、无形的关系网中生活自如，并利用这些关系去制定和沟通愿景。他们需要同时完成激励和控制这两个看上去对立的行为。

而现实让我觉得沮丧，我们的很多文化并不欣赏管理工作的复杂性，也不欣赏成功运行的企业对社会的贡献。这并不是说比尔·盖茨(Bill Gates)从来没被当作英雄。但几乎没有人知道他做了什么，许多人认为他为自己获得了很多，对社会的贡献很少。

关于本书中的一些主题，具有高度影响力的娱乐行业制造了许多错误的信息，或者让这些信息延续了下去，这让人很沮丧。当观看电视中上演的悲喜剧时，人们会认为一个管理岗位，特别是企业中的管理岗位，是任何一个头脑简单的骗子都能胜任并成功的岗位。这听起来有些夸张，然而最近我读到了一篇研究文章，说电视上大部分虚构的企业高级经理都被塑造成作奸犯科之徒。其中有些角色很狡猾、有些很愚蠢，但很少有为了社会的有益目标负起重要责任的、具有献身精神的为人父母者。要不是考虑到媒体是这样强有力的宣传机器，担心这些荒唐事情的影响会让人感到很愚蠢。

与此同时，K-12[①] 教育甚至比电视影响更大，尽管今天也有人说是早期教育的局限性造成了问题。我很少看见有人认为教育部门这个最重要的社会机构，无论是公立的还是私立的，提供了多少关于管理问题的有用信息。我更担心学生们获得的信息受到负面的陈词滥调的破坏，例如“经理人经营企业就是为了尽可能多赚钱。”人们通常认为赚钱是与几乎所有有价值的事情相冲突的。有些人说商业损害了环境，损害了人们。根据这种极端的观点，高层经理实际上就是强盗，至少只要是根据对人类有价值的贡献进行理性的排序，他们都会被排在最后。

教育者们肯定会反对这种观点，并会举出一些不同的、更慷慨高尚的信息作为反例。或者他们可能认

---

① 指美国到高中为止的教育体系。

为金钱在这个社会中非常有价值，以至于他们无论怎么做也无法将许多学生送到更有用的职业中，例如艺术、公务员或教师。我对这两个观点都郑重地反对。

我当然不是建议为了管理课程而放弃研究生艺术班，但人们肯定会怀疑，如果医生和运动员在 K-12 教育中有很高的社会地位，而管理人员没有，那么，这个社会能否运行良好。最终能进入医学院或者 NBA 的年轻人非常少，而且，越来越多能做到这一点的人也开始在有管理者经营的系统中工作。传媒娱乐行业和 K-12教育这两个例子都会混淆和误导人们对管理者的认识，甚至那些年轻的管理者和即将成为管理者的人也会觉得混淆和误导。在一个如此依靠组织的社会中，这当然是不明智的。

最后的想法：任何文章或书籍的最高理想都是智慧。我想很少有人达到了这个目标。我认为，如果一个人阅读的时候能反思他自己的经历，获得智慧的可能性就会增加。所以，我希望你们，本书的读者，不要把这本书当作要去吸收的医学课本，或者是可以从中挑挑拣拣的菜单；而是要把它作为思想和灵感的源泉，帮助你认清你的过去。这让阅读成为一种严肃的自我反思，不是一项容易的工作。然而考虑到管理工作的重要性，这项工作值得我们付出努力。

2. 选择变革战略

2. 选择变革战略[①]

“我们必须承认，再没有什么比建立事物的新秩序更加难以执行，成功的不确定性更大，处理起来更危险。”[1]

1973 年，美国经济咨商局（The Conference Board）请 13 位著名的权威人士思考，在未来的 20 年里，将发展出哪些重要的管理论题和问题。在他们接下来所作的报告中，贯穿的一个最重要的主题就是组织对环境变化的反应能力。其中一个人是这样写的：

因此我们可以断定，变化的加速将使重组的需求越来越迫切。重组常常让人害怕，因为它意味着打乱现状，威胁人们在岗位上的既得利益，颠覆已经确立的行为方式。由于这些原因，有必要进行的重组常常被推延，并且导致效率损失，成本增加。[2]

---

① 这篇文章是与伦纳德·A. 施莱辛格共同完成的，他是哈佛商学院工商管理学小乔治·F. 贝克教授。作者要感谢维加·萨瑟（Vijay Sathe）在准备这篇文章的过程中提供的帮助。这篇文章首次发表于《哈佛商业评论》1979 年 4-5 月刊。

后来的事件证实了对组织变革的这种关注的重要性。今天越来越多的经理必须面对新的政府规则、新产品、增长、更激烈的竞争,技术发展和变化的劳动力。由于这些情况,大部分公司或大公司中的部门发现,每年至少得进行一次适度的组织变革,每四到五年进行一次大的变革。[3]

几乎没有什么组织变革的措施会完全失败,但是也很少会完全成功。大部分措施都会遇到一些问题;花的时间通常比期望和理想的时间长,有时会打消士气;如果从管理时间或情绪剧变这个角度看,它们常常会使组织付出重大代价。还有更多的组织甚至没有尝试过启动必要的变革,因为相关的管理者害怕他们根本不能成功地实施变革。

在这篇文章中,我们首先描述了抗拒变革的各种原因,然后列举了选择一种战略的系统方法,和实施组织变革的一套具体步骤。这里描述的方法都是以我们对几十个成功和不成功的组织变革的分析为基础的。

变革阻力来自何方

组织变革常常会遇到某种形式的人为阻力。尽管有经验的管理者一般都知道这个事实,但令人惊讶的是,几乎没有人会在组织变革前花些时间去系统性地评估谁会阻挠变革行动，为什么阻挠。相反，管理者们会把过去的经验作为指导方针，经常持一些简单的信条，比如“工程师们可能会阻挠这次变革，因为他们是独立的，而且对高层持怀疑态度”。镇种有思维局限的方式可能会造成很严重的问题。因为个体和团体对变革的反应会有许多种不同的方式，正确的评估通常在直觉上不是很明显，需要仔细的思考。

当然，所有受变革影响的人都会经历一些情绪上的骚动。即使是那些看上去很“积极”、“合理”的变革也会带来损失和不确定性。[4]然而，由于许多不同的原因，不同的个体或团体可能对变革会有截然不同的反应，比如从消极抵抗到进攻性地破坏，或者到真诚地拥护。

为了预测他们会采用什么形式进行抵抗，管理者们要了解人们抵抗变革最常见的四种原因。这四种原因就是：希望不要失去某种有价值的东西；误解了变革及其含义；认为变革对组织没有意义；对变革的忍受力较低。

狭隘的自我利益

人们抗拒组织变革的一个主要原因是，他们认为变革会让他们失去某些有价值的东西。在这种情况下，由于人们关注的是他们自己的最大利益，而不是整个组织的利益，它们的抗拒行为的结果经常是"政策"或"政策性行为"。[5]我们可以考察一下下面两个例子：

经过几年快速发展，某个组织的总裁认为，公司的规模已经很大了，需要设置一个新的由一位副总裁领导的机构从事新产品规划和开发。从运作上看，这个变化会削弱营销、工程和产品副总裁对新产品的大部分决策权。由于新产品在这个组织中的作用很重要，这个变化还会降低其他副总裁的地位和权力，而地位和权力对他们是很重要的。

在总裁宣布设置一个新产品副总裁的想法之后的两个月内，现有的副总裁们每人都提出了六七条理由，试图说明这个新安排不会有什么效果。他们反对的声音越来越大，直到总裁把这个想法搁置起来。

某个制造企业过去雇用了一大批职员作为生产人员的顾问和"听告解的神父"。这些顾问通常都干劲十足，因为他们与员工之间建立了"帮助关系"，他们从中得到了职业满足感。后来组织采用了一项新的绩效评定系统，要求顾问们每六个月向每个员工的主管提供一份关于员工的"情绪成熟性"、"晋升潜力"等情况的书面评估报告。

某些人事管理者马上意识到，这个变化会使他们与大多数员工的关系从同事和帮助者变得更像是老板和评估者。可以预见，人事顾问们会反对这种变化。

他们在公开场合说新系统不如旧系统对公司有利，同时在私下里也会尽可能向人事副总裁施加压力，直到他对新系统做出重大改变为止。

在组织采取变革措施之前或当中，如果一个人或一个团体的最大利益与整个组织或其他个人或团体的最大利益不一致，有时候会出现政治行为。

尽管政治行为有时也会以两个或多个阵营一决雌雄的形式出现，但通常情况下都要微妙得多。在许多时候，这种较量是完全隐藏在公开对话深层的。虽然诡计多端和无情的人有时候会发动权力斗争，但通常发动权力斗争的人是那些认为变革会不公平地破坏他们与公司之间暗示的或心理的契约，并可能给他们带来损失的人。[6]

误解和缺乏信任

当人们不理解变革的含义，认为变革会让他们付出多于收获的时候，也会阻挠变革。当变革的发起人与员工之间缺乏信任的时候经常会发生这种情况。[7]下面就是一个例子：

当中西部的一家小公司的总裁对他的经理们宣布，公司将对所有员工实行弹性工作制时，他从来没想到他可能会遇到阻力。他是在一次管理研讨会上了解到这个概念的，于是决定把它用到自己的公司，使工作条件变得更有吸引力，特别是对于一般的办事员和工厂的工人更有吸引力。

决定宣布不久，在工厂的工人中就出现了大量谣言，因为没有人真正了解弹性工作制的含义，而且许多人都不信任制造副总裁。例如，一个谣言说弹性工作制意味着大部分工人将不得不在上级要求的任何时候去工作，包括周末和晚上。本地有一个雇员联盟的工会组织，立刻召开会议，向管理层提出了一个没有任何商量余地的要求，要求马上取消弹性工作制。总裁彻底惊呆了，不得不接受这个要求。

几乎没有什么公司的员工和经理之间具有较高的信任度，因此当引入变革的时候很容易产生误解。除非经理们能把误解公开提出来，并迅速澄清，否则这些误解就会给变革带来阻力。而且这样的阻力很容易使变革的发起者感到意外，如果他们假设人们只会阻挠那些不符合他们的最大利益的变革，他们就更会觉得意外。

评估的分歧

人们抗拒组织变革的另一个普遍原因是，他们对形势的判断与经理们或变革发起人不一样，他们看到的更多的是变革带来的成本而不是收益，无论是对自己还是对公司。例如：

一家中等规模的银行的总裁对下属对银行的不动产投资信托贷款的分析感到震惊。这个复杂的分析指出银行很容易亏损1000万美元，而且可能的损失还在以每月20%的速度递增。总裁在一个星期内就起草了一份计划，重组银行管理不动产投资信托贷款的部门。但是，由于他担心会影响股票价格，他只让不动产投资信托贷款部门的新经理阅读了那份员工报告。

重组立刻遭到了相关人员的强烈反对。他们的情绪异常激动，就像其中一个人说的，“他疯了吗？看在上帝份上，他为什么要把银行这部分拆开？他的行为已经让我们失去三个很好的员工（他们都辞职了），使我们正在进行的减少贷款损失的计划搁浅（总裁对此并不知情）。

发起变革的管理者们经常假设他们已经完全掌握了进行全面组织分析的所有相关信息，同时，假设那些会受到变革影响的人也掌握了相同的事实，而这两个假设都是不正确的。在上面两个例子中，团队掌握的信息不同，这常常导致他们对事件分析的结果不同，分析结果的不同就会带来阻力。此外，如果那些不是变革发起者的人进行的分析比变革发起人进行的分析更准确，那么这些阻力很明显对组织是有利的。但有一些管理者认为阻力总是不好的，他们看不到这种可能性，因此总是对阻力进行打压。[8]

对变革的承受力低

有时候人们抗拒变革也是因为，他们害怕他们不能够发展出变革所需要的新技能和行为。所有人进行变革的能力都是有限的，而有一些人受到的限制可能比其他人更大。[9]组织变革可能无意中要求人们变革得太多、太快。

彼得·F.德鲁克(Peter F. Drucker)曾认为，组织成长的主要障碍是管理者们改变态度和行为的速度跟不上组织的需要。[10]甚至当管理者们在理智上理解到他们的运营方式需要变革的时候，他们有时在感情上也无法做出这样的转变。

就是因为人们对变革的承受力有限，他们有时会抗拒变革，即使他们也意识到变革是对的。例如，由于组织变革，某个人被分配到更重要的岗位，这个人有可能很高兴。但他同样有可能觉得很不安，会抗拒放弃目前状况的某些方面。一项新的、完全不同的工作将需要新的、不同的行为，新的、不同的关系，同时会损失现有的某些令人满意的活动和关系。如果变革比较大，个人对变革的承受能力比较低，他就有可能开始以自己也没有清楚地意识到的原因抗拒变革。

人们有时抗拒组织变革是为了面子。他们认为，进行变革就是承认他们从前的某些决策或信念是错的。他们也可能因为同级团队的压力或者因为上级的态度而抗拒变革。实际上，人们可能因为无数种原因抗拒变革。[11]

评估受变革影响的人会由于众多原因中的哪一种而导致抗拒变革是很重要的，因为它可以帮助管理者选择合适的方法来克服这些阻力。如果没有准确诊断出出现阻力的可能性，管理者很容易在充满重大问题的变革进程中身陷困境。

如何化解阻力

许多管理者不仅没有估计到人们对组织变革会有各种反应方式，也没有想到在变革中他们可以有很多种方法正面影响某些特定的人或团体。而且由于过去的经验，管理者有时候不能准确地理解他们所熟悉的方法有什么优点和缺点。

教育和交流

克服变革阻力的一种最常用的办法是提前对人们进行教育。思想的交流可以帮助人们了解有必要进行变革，看到变革的合理性。教育过程可以包括一对一的讨论、对团体进行演示、或者利用报告和备忘录等。

例如：

某个部门的经理为了对部门的结构和评估与薪酬体系进行变革采取了一项措施，他组织了一个1小时的多媒体演示来解释进行变革的内容和原因。在4个月的时间内，他向二三十位公司和部门经理做了十几次演示。

如果阻力是由于信息不充分、不准确造成的，教育和沟通计划的效果是很理想的，如果发起者在实施变革的过程中需要阻挠者的帮助，就更是如此。但有些管理者常常没有意识到，这需要在发起者和阻挠者之间有良好的关系，否则后者不会相信自己听到的话。而且这也需要时间和精力，尤其是涉及到的人很多的时候。

参加与参与

如果发起者让潜在的阻碍者参与某些变革的设计和实施活动，通常能够预防阻力。通过让他们参与变革，发起者可以听取和使用与变革相关的人员的意见。例如：

一家小型财务服务公司的主管曾经组织了一个任务小组来设计和实施公司薪酬体系变革。这个小组由八名来自公司不同部门的二三级经理组成。总裁交给他们的具体权限是对公司的整体福利计划提出变革的建议。公司给了他们六个月的时间，要求他们每个月向总裁提交一份简洁的进程报告。他们的建议大部分都被总裁接受了，然后要求他们帮助公司的人力总监实施这些建议。

我们发现许多管理者对“参与”有强烈的感受，有时是正面的，有时是负面的。也就是说，有些管理者感觉应该让大家广泛地参与变革，而另一些人则认为这样做几乎总是错的。这两种态度都会给管理者带来麻烦，因为这两种态度都是不现实的。

当变革发起者认为他们没有设计和实施变革所需要的所有信息的时候，或者他们需要所有的人全身心的投入的时候，让其他人加入进来是非常明智的。大量调查证明，一般来说，参与不仅会带来服从，也会带来承诺。[12]有时候，承诺是变革成功的必要条件。然而，参与也有不足之处。如果没有对参与过程进行精心的管理，会导致很糟糕的解决方案，而且会浪费大量时间。如果需要立即进行变革，可能就没有时间让其他人参与了。

推动和支持

管理者们处理潜在阻力的另一种方法是为阻挠者提供支持。比如提供新技能培训、在完成一段辛苦的工作后让员工休息、或者只是简单地倾听或提供情感支持。例如：

在一家快速增长的电子公司里，管理层设计了一种帮助人们适应频繁的组织变革的方法。首先管理层在人力资源部设置了四名顾问，他们花大部分时间与感觉自己“筋疲力尽”的人谈话，或者与那些难以适应新工作的人谈话。其次，管理层为员工提供了四个星期的休假期，员工可以有选择的利用这个时间进行思考或教育活动。最后，公司投入了大量资金开展内部教育和培训项目。

如果阻力的根源是害怕和忧虑，推动和支持是很有效果的。老练、强硬的管理者们常常忽视或忽略这种阻力，以及用推动的方式处理阻力的功效。这个方法最基本的缺陷是，它可能花费大量时间和成本后仍然会失败。[13] 如果时间、金钱、耐心都不具备，那么支持性的方式就不太实用了。

谈判和协议

另一种处理阻力的方法是给阻碍者或潜在的阻碍者提供激励。例如，管理层可以给工会较高的工资，以换取对工作规则的变革；也可以提高某个人的养老保险换取他提前退休。下面是一个关于谈判协议的例子：

在一家大型制造公司中，部门间的相互依赖性很强。其中一个部门的经理想在他的组织内进行某些重大的变革。然而，由于部门之间的相互依赖性，他意识到变革也会给其他部门带来变化和不便。为了防止其他部门的高层管理者破坏他的努力，这位部门经理与每一位经理都签署了书面协议。协议详细说明了其他部门经理可能得到的利益，这些利益什么时候会出现，同样作为回报他希望在变革过程中从他们那里得到什么样的合作。后来，无论其他经理什么时候抱怨他的变革或者变革进程本身，他都会把协议拿出来给他们看。

如果某些人很明显会因为变革而损失很多东西，而且他拥有很大的抗拒力量，谈判是特别合适的。谈判协议可能可以非常容易地避免主要的阻力，但是像其他过程一样，这些协议也许成本很高。一旦一位管理者确定他将以谈判的方式来避免主要的阻力，他很可能让自己面对勒索。[14]

操纵与拉拢

有些时候，管理者们也会试图隐蔽性地影响其他人。在这种情况下，操纵一般指有选择地使用信息和有意识地安排事件的进程。

一种常见的操纵形式是拉拢。拉拢某个人的手段通常是让他在设计或实施变革的过程中担任他所期望的角色。拉拢某个团体的手段通常是让该团体的一位领导或他们所尊敬的人在设计或实施变革的过程中担任一个关键角色。然而，这不是一种参与的方式，因为发起者并不想从被拉拢的人那里获得建议，只需要他的认可。例如：

一家大型多业务公司的一位部门经理邀请公司公共关系副总裁——总裁的密友——帮助他和他的主要管理人员诊断他们部门中存在的某些问题。由于公司副总裁工作繁忙，不可能亲自进行实际的信息收集和分析，因此限制了他在诊断问题上的影响力。但是他会出席一些关键的会议，这使他对诊断结果和团队设计的解决方案负有一定的责任。这种责任在后来变得很重要，因为总裁不喜欢其中的一些变革建议，至少在最初的时候是这样的。然而在与公共关系副总裁讨论过后，他不再阻挠了。

在某些情况下，拉拢的成本相当低，也是获得一个人或一个团体支持的简单办法（例如，它的成本比谈判低，速度比参与快）。然而它也有缺点。如果人们感到被陷入一个圈套，让他们不要阻挠变革，而不是被平等地对待；或者感觉被欺骗，他们会做出非常消极的反应。很多管理者都发现，如果通过拉拢的方式让下属产生一种参与感，反而比什么都不做可能带来更多的阻力。此外，如果被拉拢的人不负责任地利用他们影响变革的设计和实施的能力而损害组织的最大利益，拉拢就会带来另一种问题。

其他形式的操纵也有缺点，有时甚至是更大的缺点。大多数人都会用负面的反应来回应他们感受到的偷偷摸摸的行为或谎言。而且，如果一个管理者在人们心中有了操纵者的名声，会削弱他使用其他必要的方法的能力，比如教育和交流，参加和参与等。在极端的情况下，甚至会毁了他的整个职业生涯。

然而，人们确实可以成功地操纵他人，特别是当其他方法都不可行或者已经失败的时候。[15]由于没有其他选择，没有足够的时间去教育、影响、或支持他人，没有权力或其他资源去谈判、强迫或拉拢他们，管理者们会通过操纵信息渠道恐吓人们，让他们觉得只有通过变革才能避免即将到来的危机。

明示的和暗示的胁迫

最后，管理者们经常用强制性的力量来处理阻力。他们通常用明示或暗示的威胁（失去工作、升职的可能等等）或者真的解雇或调离有可能阻挠变革的人，强迫他们接受变革。由于强迫经常伴随着操纵，所以强迫是一种风险很大的方法，因为人们会不可避免地强烈憎恨强制性变革。但是如果在对变革速度的要求迫在眉睫的情况下，无论变革的方式是如何引进的，结果都不太受欢迎,强迫也许是管理者们可以选择的惟一方式。

成功的组织变革措施总是很巧妙地以截然不同的组合方式运用以上方法。但是,成功的措施都有两个共同的特点:管理者们在应用这些方法的时候对它们的优势和局限很清楚(见图表2-1);对现实状况的评估很现实。

管理者们最常犯的错误是不考虑具体情形,只使用一种方式或有限的几种方式。存在这种问题的管理者大有人在,简直令人惊讶。其中有一些对感情无动于衷的老板,他们经常强迫员工;有些以人为本的管理者会不断尝试影响或支持他的下属;有一些愤世嫉俗的老板经常操纵和拉拢他人;有些知识型的管理者对教育和交流的效果寄予厚望;还有些律师型的管理者总是试图进行谈判。[16]

管理者们第二个经常犯的错误是以一种没有条理的和渐进的方式进行变革,而不是把它作为深思熟虑的战略的一部分。

战略的选择

在着手考虑组织变革的状况的时候,管理者们要明确地或含蓄地进行战略选择,考虑变革的速度、预先计划的工作量、其他人的参与程度、对不同方式的重视程度等。成功的变革措施是那些既有内在连续性又符合某些关键情境变量的战略选择。

假设可供管理者们选择的战略存在于一个连续的集合上是一个很有用的分析工具(见图表2-2)。[17] 在这个连续集合的一端,变革战略要求迅速的实施、明确的行动计划、较少的他人参与。这种战略能够铲除任何阻力,在极端的情况下,会先斩后奏,让变革既成事实。在连续的集合的另一端,战略要求一种比较慢的变革过程、不太清晰的计划,还要求许多变革发起者以外的人参与变革过程。设计这种战略的目的是将阻力降到最小。[18]

在图表2-2中,一个人面临的状况离集合的左侧越远,他就越倾向于采取强迫的方式,越不倾向于采取其他方式,尤其是参与的方式,反之亦然。

以不连贯的战略为基础的组织变革措施很容易遇到一些可预见的问题。例如,如果某项措施没有事先明确计划好就被迅速地实施了,就很容易因为没有预见到的问题而陷入停顿。如果某项措施涉及到很多人,但实施得很迅速,通常会变得停滞不前或者参与程度较小。

图表 2-1　处理变革阻力的方法

方法	使用情境	优点	缺点
教育和交流	缺乏信息，或者信息和分析不准确	人们一旦被说服，通常会帮助变革的执行	如果涉及很多人，将非常耗时间
参加与参与	发起者没有设计变革所需要的所有信息，而且其他人有很大的力量进行阻挠	参与的人将对变革的实施非常投入，他们掌握的所有相关信息都会被整合到变革计划中	如果参与者设计了一个不合适的变革计划，将会耗费大量时间
推动和支持	人们由于无法适应而阻挠变革	是解决适应性问题的最好的方法	可能花费了大量时间、成本，但仍然失败
谈判和协议	某些人或某些团体很明显地将在变革中发生损失，而且这个团体有很大的阻挠力量	有时候，这是避免主要阻力的一种非常简单的方法	在很多情况下，如果与其他人谈判，让他们顺从变革，可能会引起他们的警觉，从而付出过高的代价
操纵和拉拢	其他战术没有效果，或者成本太高	是相对迅速并且代价不大地解决阻力的办法	如果人们感觉被操纵，会在将来引发问题
明示和暗示的强迫	速度很关键，变革发起者拥有相当的权力	快速，并能克服各种类型的阻力	如果引起员工对发起者的愤怒，会很危险

图表 2-2　战略连续图

快	慢
明确的计划	最初没有明确的计划
他人参与较少	其他人参与较多
努力克服任何阻力	努力使阻力最小化

关键的情境变量
预测到的阻力的类型和数量
发起者与阻挠者的相对地位(根据权力、信任度等衡量)
设计变革所需要的相关数据和实施变革所需要的能量所在的位置
相关的利害关系(例如是否存在危机、阻挠的后果、缺少变革的后果)

情境要素

要确定变革措施应该位于图表 2-2 的连续图上的战略位置依靠四个分析要素:

1. 预测到的阻力的类型和数量。在其他因素相同的情况下,预测到的阻力越大,越难轻松地战胜它,管理者就越需要向连续图的右侧移动,寻找减少阻力的方法。[19]
2. 发起者与阻挠者的相对地位,特别是相对的权力。发起者与其他人相比力量越小,发起变革的管理者就越需要向连续图的右侧移动。[20]反之,发起者的地位越强大,他就越可以向左侧移动。
3. 拥有设计变革所需要的相关数据和实行变革所需要的能量的人。发起者们越是预测到他们需要其他人的信息和投入来设计和实施变革,就越需要向右侧移动。[21]获得有用的信息和承诺需要时间和他人的参与。
4. 相关利害关系。如果不改变现状,组织绩效和生存面临短期风险的可能性越大，就越需要向左侧移动。

忽略这些要素的组织变革措施将不可避免地陷入麻烦。例如，管理者们爱犯的一个通病是行动得太快，参与的人少，尽管他们还没有掌握正确地设计变革所需要的所有信息。

迄今为止，这些要素仍然可以帮助管理者在连续图中选择一个合适的运作方式，因为经济和社会的原因，可能选择的点最好尽量靠右。强迫人们进行变革在长期和短期都会造成太多副作用。使用连续图右侧的变革战略通常会以有益的方式帮助组织和个人的发展。[22]

但是，在某些情形下，了解了这四个要素并不能让管理者作出一个合适、明确的选择。让我们考虑这样一种情况：管理者的地位低于他认为应该进行变革的人，而且如果不能马上进行变革，他将会面临严重后果。在这种面临困境的形势下，如果管理者由于某种原因不能增强自身的力量，他将不得不选择某种妥协战略，而且将经历一段痛苦的时期。

对管理者们的建议

一个管理者可以通过以下方式增加进行组织变革的成功的可能性：

1. 进行组织分析，明确当前形势、问题、以及可能导致产生问题的因素。分析应包括，明确说明问题的实际重要性；为了避免引发额外的问题，这些问题应该被解决的速度；以及大致需要的变革类型。
2. 对进行变革所必需的相关要素展开分析。这个分析的重点是谁会阻挠变革、为什么、阻挠程度如何，谁拥有设计变革所需的信息，谁的合作在实施变革的过程中会很关键，根据权力、信任度、相互作用的常规模式等判断，变革发起者与其他相关人员的相对地位如何等。
3. 根据前面的分析结果选择变革战略，明确变革的速度，预先计划的工作量，和他人的参与程度。这个战略还要选择使用不同个人和团体的具体策略，并保持内部组织结构的连贯性。
4. 监督变革实施进程。无论一个人最初在选择变革的战略和战术时做得多么好，在实施过程中总会发生一些不可预见的事情。一个人只有通过谨慎地监督变革的进程，才能及时发现意料之外的情况，并做出明智的反应。

当然，运用人际关系的艺术是运用这些分析的关键。但即使是最高明的人际关系技巧也不能弥补拙劣的战略和战术选择。而且，在越来越动态化的商界，拙劣的变革的实施后果也越来越严重。

3. 领导者究竟在做什么

3. 领导者究竟在做什么[①]

领导不同于管理，但其中的原因和大多数人想象的并不一样。领导不是神秘的和不可理解的。它与超凡魅力或者令人兴奋的个人特质无关。它不是精选出来的少数几个人的专门领域。领导也不一定比管理好，或者可以替代管理。

其实，领导和管理是两个不同的而且互相补充的行动系统。二者都有自己的功能和特有的活动。企业要想在日益复杂和不稳定的商业环境中成功，二者都是必不可少的。

现在大多数的美国公司都管理过剩而领导不足。它们需要培养行使领导的能力。成功的公司不会坐等领导者的到来。它们会积极地寻找那些有领导潜力的人，为他们安排有利于发展领导潜力的职业生涯。实际上，经过认真挑选、培养和鼓励，许多人都能在商业组织中扮演重要的领导角色。

---

① 这篇文章最初发表于《哈佛商业评论》1990 年 5-6 月刊。

但公司在提高领导能力的同时，也应该记住强有力的领导加弱势的管理与相反的情况相比并不是一种更好的组合方式，实际上有时候是一种更糟糕的组合方式。真正的挑战是将强势的领导与强势的管理相结合，用其中一个去平衡另一个。

当然，不是每个人都同时擅长领导和管理。有些人能够成为出色的管理者，却不能成为强势的领导者。还有些人具有强大的领导潜力，但由于各种各样的原因，却很难成为一个强有力的管理者。聪明的公司对这两种人都很重视，而且努力使他们成为团队的一部分。

但是提到要培养一个人担任高级管理岗位，这些聪明的公司恰到好处地忽略了流行的观点：人们不能既管理又领导。它们试图培养领导型管理者。一旦公司理解了领导与管理的根本区别，它们就会开始把高层管理者培养成在两方面都擅长的人才。

领导 vs. 管理

管理的任务是处理复杂的事物。它的实践和程序基本上反映了 20 世纪最重大的变化之一的大型组织的出现。没有好的管理，复杂的公司很容易变得一团糟，甚至直接威胁着它们的生存。而好的管理会在一些关键的方面带来一定程度的秩序和协调，比如产品的质量和利润率。

与此相反，领导的任务是处理变化。它之所以变的如此重要，一部分原因是近年来商界竞争越来越激烈，并且不稳定性不断加剧。更迅速的技术变革，更巨大的国际竞争，政府对市场的管制放松，资本密集型行业产能过剩，不稳定的石油行业联盟，垃圾债券的侵入，劳动力人口统计因素的变化等因素都推动了这种转变。最终的结果是，沿袭过去的方式行事，或者比过去做得好5%，都不再能够让企业成功了。在这个新环境中，越来越需要重要的变革来保证企业的生存和有效竞争。而更多的变革总是需要更多的领导。

领导是补充管理，而不是代替管理。

我们可以用一个军队的例子来简单类比一下：在和平时期，军队的生存依靠的是上下各个层级良好的监督和管理，以及集中在最高层的良好领导。而在战争时期，各个层级都需要出色的领导。还没有人能够指出如何管理人们去有效地战斗，而在战争中人们必须被领导。

处理复杂问题和处理变革这两种不同的职能塑造了管理和领导的不同内涵。管理和领导的行为系统都涉及到决定需要做什么，创建能够完成所有议程的人际关系网络，然后努力保证这些人确实在做这些工作。但每个系统完成这三项任务的方式是不同的。

公司管理的复杂性首要体现在进行计划和预算，包括为将来设立目的或目标（通常是为下个月或下一年），为实现这些目标确立详细的步骤，然后进行资源分配来完成计划。相反，领导组织进入建设性的变革过程的第一步是明确方向，通过形成一个未来愿景（通常是很遥远的将来），制定变革战略以实现愿景。

管理通过组织和配备人员来建立实现计划的能力，这一行动包括创建组织机构，设置完成计划所需的岗位，为岗位配置合格的人员，与这些人交流这个计划，为执行计划而委派责任，并设计监督计划实施情况的系统。然而领导的相应工作是把人们联合起来。这意味着与那些能够形成理解愿景的联盟的人沟通新的方向，并承诺为实现这个愿景去努力。

最后，管理会通过控制和解决问题来保证计划的实现，这一行动包括通过报告、会议以及其他手段，在某些细节上正式或非正式的把结果与计划对比；识别偏差；然后通过计划和组织去解决问题。而对于领导来说，实现愿景需要鼓舞和激励，通过影响人类基本的但未被满足的需求、价值观和感情，使人们一直沿着正确的方向前进，不管存在多少变革阻力。

设立变革方向vs.计划和预算

由于领导的职能是进行变革，所以，设立变革的方向是领导的一项基本任务。

设立变革方向从来都与计划不同，甚至与长期计划也不同，尽管人们常常把两者混为一谈。计划是一个管理过程，本质上采取的是演绎推理方式，它存在的目的就是产生常规的结果，而不是变革。而设立变革方向更倾向于归纳性的推理方式。领导者广泛地收集数据，寻找有助于解释方向的模式、关系和联系。而且，领导的方向设立职能产生的不是计划，而是愿景和战略。它们描述的是，从长远看，业务、技术或公司文化将是什么样子，并明确表达出实现这个目标的可行方式[参见：本章结尾的“设立变革方向：卢·格斯特纳(Lou Gerstner)在美国运通”]。

大部分关于愿景的讨论都有逐渐退化到神秘主义的趋势。这似乎暗示愿景是某种神秘的东西，凡人，即使是天赋秉异的凡人也不可能拥有愿景。但形成好的商业方向并不神奇。它是一个收集和分析数据的过程，非常艰苦，有时甚至令人筋疲力尽。那些清晰表达这样的愿景的人不是魔术师，而是愿意承担冒险的思维广泛的战略思考者。

愿景和战略都不一定具有非凡的创造性，事实上，某些最好的愿景和战略也不是这样。有效的业务愿景通常都几乎是很平凡的，它们所包含的观念通常都是广为人知的。这些观念的具体组合或模式也许是新的，但有时连这也不是新的。

例如，北欧航空公司的首席执行官简·卡尔松(Jan Carlzon)表示，他的愿景是“使北欧航空公司成为世界上频繁商务旅行者的最好的航空公司”，这句话对航空界来说并不陌生。与其他细分市场相比，商务旅行者乘坐飞机的频率比较稳定，通常也愿意支付较高的价钱。因此，将精力集中于商务顾客可能给航空公司带来较高的利润、稳定的业务和可观的增长。但在一个官僚作风普遍，而对愿景不太了解的行业里，从来没有一家公司把这些简单的想法联系起来，然后竭尽全力去实施。而北欧航空公司这样做了，并且成功了。

对于愿景来说，重要的不是它的来源，而是它能否为客户、股东、雇员等重要的支持者的利益服务，能否顺畅地转化为实际的竞争战略。糟糕的愿景很容易忽略重要支持者合理的需求和权利，比如说更重视雇员，而不是客户和股东。它们也可能在战略上是不健全的。如果一家公司从来都没有超过本行业一个弱小的竞争者，有一天却突然开始讨论如何成为行业中的第一，这简直就是白日梦，而不是愿景。

管理过剩、领导不足的公司常犯的错误就是把长期计划当作一种万能药，用它来医治公司缺乏方向，不能够适应竞争和变化日渐激烈的商业环境。但是这样的方式曲解了设立方向的本质，不可能有任何作用。

制定长期计划通常非常耗费时间。无论什么时候，只要有任何无法预料的事情发生，计划就得重做。在一个动态的商业环境中，无法预料成为一种正常状态，而长期计划就成为一种非常沉重的负担。因此大多数成功的公司都会限制计划的时间长度。实际上，有的公司甚至认为“长期计划”是个矛盾的短语。

在一个没有方向的公司里，即使制定短期计划也可能成为消耗无限时间和精力的黑洞。由于没有愿景和战略对计划过程进行限制或指导，任何可能发生的事情都得做一个计划。在这种情况下，可能要不停地做应急计划，根本没有时间和精力关注重要的事情，从而无法提供公司迫切需要的清晰的方向感。经过一段时间，管理者们不可避免地对这一切冷嘲热讽，计划过程将退化成一个高度政治化的游戏。

计划最大的作用并不是代替设立变革方向，而是补充设立变革方向。充分的计划过程是对变革方向设立活动的有用的实际检验。同样，充分的变革方向设立过程也为计划提供了一个要去实际贯彻的重点。它有助于说明什么计划是至关重要的，什么是无关紧要的。

人员结盟 vs. 组织和配备人员

现代组织的中心特征是互相依赖，没有人有完全的自主权，大部分人都通过工作、技术、管理体系和层级结构与许多其他人有千丝万缕的联系。当组织试图变革的时候，这些联系会带来特别的挑战。除非许多个体联成一体，向同一个方向前进，否则大家都会跌倒在地。对那些接受管理教育过多，而领导教育不足的高层管理者来说，让大家朝向同一个方向前进的观点似乎是一个组织问题。但是，他们应该做的不是组织人员，而是让他们结盟。

管理者们通过组织来建立能够尽可能精确、有效地完成计划的人员系统。通常，这需要大量潜在的复杂决策。公司必须选择一种岗位结构和汇报关系，再为这些岗位配备合适的人员，为需要的人提供培训，与员工交流计划，并决定授权的程度和向谁授权。为了完成计划，还需要建立经济激励机制，以及监督计划执行的体系。这些组织判断很像建筑上的决定。它是一个在特定的背景下合适与否的问题。

结盟不一样。它主要是一项沟通上的挑战，而不是设计的问题。［参见本章结尾的"人员结盟：查克·特罗布里奇（Chuck Trowbridge）和鲍勃·克兰德尔

(Bob Crandall)在柯达。]首先，结盟必然比组织涉及到更多的与人谈话。谈话的对象不仅仅是某个管理者的下属，还有老板、同事、组织中其他部门的员工，还有供应商、政府官员、甚至客户。任何能帮助或阻碍实现愿景和战略的人都是相关的。

试图让人们理解在某一种未来情况下的愿景是对沟通的挑战，它的重要性与组织人们完成短期计划不可同日而语。其中的差距就好像一个是橄榄球的四分卫向队友解释下面两三场比赛，而另一个是他努力向他们解释下半个赛季要使用的完全不同的新比赛规则。

无论这些信息是通过许多词句来传达，还是用几个精心挑选的符号来传达，人们都不会仅仅因为理解就一定接受。领导的另一大挑战是可信性，通过努力让人们相信这些信息。许多东西都会影响可信性：传递信息的人过去的记录、信息的内容本身、沟通者诚实和可信任的声誉、以及言行之间的统一程度。

最后，结盟会带来组织很少用到的授权方式。许多组织很难适应市场和技术的迅速变革的一个原因就是，在那些公司里有非常多的人感觉非常缺少权力。他们根据经验判断，即使他们能够正确地意识到重要的外界变化，然后采取了适当的行动，他们也很容易受到某些不喜欢他们行动的上级的攻击。谴责可能有很多种不同的形式：“与政策相违背”或“我们实力不够”

甚至是“闭嘴，叫你怎么做就怎么做。”

结盟能够向人们授权，从而至少在两个方面有助于克服这些问题。第一，在整个组织中沟通过明确的方向感以后，低层员工就可以采取必要的行动而不会受到相同程度的攻击。只要他们的行为与愿景相一致，上级就很难谴责他们。第二，由于每个人都为了同一个目标而努力，某个人的行动因为与其他人的行动相抵触而被延迟的可能性就会更小。

激励人们 vs. 控制和解决问题

由于变革是领导者的职责，能够形成高度活跃的行为对于处理变革中不可避免的障碍是很重要的。方向设立明确了行动的合适路径，有效的结盟让人们沿着这条道路前进，成功的激励则保证他们有足够的能量去克服障碍。

按照管理的逻辑，控制机制会将系统行为与计划相比较，当发现偏差时，就会采取行动。例如，在一个管理良好的工厂，这意味着计划过程会树立一个合理的质量目标，组织过程会建成一个能够实现这些目标的组织，而控制过程则保证质量失误能马上被发现和纠正，而不需要 30 天或 60 天的时间。

可见，控制对管理非常重要。由于同样的原因，高度激励和鼓舞性的行为几乎无关紧要。管理过程必须尽可能做到没有风险和万无一失。也就是说，它们不能依靠不常见的或难以获得的东西。系统和结构的全部目的就是帮助以常规方式工作的普通人日复一日地成功完成例行工作。它不让人兴奋，也毫无诱惑力，但这就是管理。

领导则不同。实现宏大的愿景通常需要能量的突然迸发。激励和鼓舞给人们注入活力，但不是像控制机制那样把人们推向管理所设定正确的方向，而是通过满足人们的基本需求，例如成就感、归属感、认同感、自尊、掌握自己生活的感觉、按自己理想生活的能力等。这样的感觉会深深地触动我们，激发个人力量强烈的反应。

管理把人们推向正确的方向，
从而控制他们；
领导则满足人们基本的人类需求，
从而激励他们。

好的领导者会使用不同的方式激励人们。首先，他们在解释组织愿景的时候总是会强调它们能给听众带来的价值。这就使每个人都感觉到这个愿景对他们很重要。领导者还会经常让人们参与决定如何实现组织的愿景（或者其中与某个具体的人最相关的部分）。

这会给人一种控制感。另一种重要的激励技巧是通过提供培训、反馈和角色榜样等手段为人们实现愿景的努力提供支持，从而帮助人们在专业领域的成长，并增强他们的自尊。最后，好的领导者会认可和奖励成功，这不但可以给人一种成就感，也让人们感到他们属于一个关注他们的组织。做到了这些，工作本身就变得具有内在激励性了。

商务环境中的变化越普遍，领导者就越需要通过激励人们来进行领导。如果这个措施奏效，只要有人在各个层级结构中扮演各种领导角色，领导将很容易在整个组织中复制。这相当有价值，因为在任何复杂的商业活动中处理变革，都需要多方人员的积极努力。缺少任何一点也不会成功。[参见本章结尾的“激励：理查德·尼克罗西(Richard Nicolosi)在宝洁公司”。]

当然，来自各个层级的领导不一定会达成一致。相反，还很容易产生冲突。为了让多种领导角色能够一起工作，必须用一种不同于协调传统管理角色的机制谨慎协调人们的行动。

强大的非正式关系网——这里指的是那种具有健康文化的公司中的非正式关系网。它有助于协调领导活动，而且与正式结构协调管理行为的方式很相似。它们的主要区别在于非正式网络更善于处理与非常规活动和变革有关的协调问题。非正式关系网的沟通渠道很多，并且这些渠道所联系的个体间能够相互信任，这样就可以形成一个持续调整和融合的过程。当角色间发生冲突的时候，这些关系又可以缓解冲突。也许最重要的是，在这个对话和调整的过程中产生的愿景是互相联系和协调的，而不是关系疏远和竞争性的。所有这些过程中所需要的沟通，比协调管理角色所需要的多得多，正式结构也许无法应付，但是强大的非正式网络却可以应付自如。

当然，在所有的公司里都存在某种非正式关系。但通常这些非正式网络要么很脆弱，某些人被联系得很好，但大部分人联系得不太好；要么非常分散，在营销团体和研发团体内部存在紧密的网络，但在两个群体之间则没有联系。这样的网络不能很好地支持多样化的领导活动。实际上，广泛的非正式网络非常重要，如果没有非正式网络，重要的领导活动在早期的主要工作就必须是创建非正式网络。

创建一种领导文化

尽管领导对企业成功越来越重要，但是大部分人的工作经历却似乎对培养领导所需要具备的素质起着反作用。当然，很多公司已经不断表现出把人们培养成出色的领导型管理者的能力。招聘具有领导潜力的员工只是第一步。管理他们的职业生涯模式也同样重要。那些有效地扮演了重大领导角色的人通常都有许多非常相似的职业经历。

尽管领导变得越来越重要，但是大部分人的工作经历都削弱了他们的领导能力。

也许最典型和最重要的经历是在职业生涯的早期遇到重大挑战。领导者们在他们二三十岁的时候几乎总有机会去实际地尝试领导、承担风险、并从胜利和失败中学习。这样的学习对于培养广泛的领导技巧和洞察力上似乎是必不可少的。它也告诉人们领导的困难和推动变革的潜力。

在他们随后的职业生涯中，涉猎广泛也同样的重要。那些能在重要岗位上提供有效领导的人，在担任这个岗位之前，总要有机会超越狭窄的基础，而狭窄的基础正是大多数管理岗位的特征。这通常是由于他们有机会担任同一层级的不同岗位，或者是在早期被提升到了一个任务非常宽泛的工作岗位上。有时其他途径也能达到同样的效果，比如被安排到一个特殊任务小组，或者参加了一个时间非常长的管理培训课程。无论由于什么原因，从中获得的知识扩充对领导的各个方面都很有帮助。同样，在公司内外获得的关系网络也很有帮助。当足够多的人获得了这样的机会，在他们之间建立起的关系也有助于创建强大的、支持多样化领导活动必需的非正式网络。

在培养领导者方面做得比一般公司好的公司都强调为相对年轻的雇员创造富有挑战性的机会。在许多企业中，分散化是关键。根据定义，分散化可以将责任推向组织的低层，并在这个过程中在低层制造更多富有挑战性的岗位。强生、3M、惠普、通用电气等许多知名公司都相当成功地运用了这个方法。其中一些公司还尽可能地创建了许多小的业务单元，以便在基层创造大量具有挑战性的一般管理岗位。

有时，这些公司还强调要通过新产品和新服务来实现增长，从而创造了更多挑战性的机会。多年以来，3M 公司一直有一项政策，收入中至少有 25％必须来自最近五年内推出的产品。这鼓励了小型的新业务尝试，而这些尝试又为检验和发展具有领导潜力的年轻人提供了大量的机会。

培养领导者的一种有效方式是给
年轻的雇员创造富有挑战性的机会

这样的做法本身几乎就可以培养人们适应中小规模的领导岗位。但培养适应重要领导岗位的人才必须在高层管理者中做更多的工作，这通常需要很长时间。这项工作的第一步就是当那些具有优秀领导潜力的人还处在职业生涯的早期时，就发现他们，并且识别出如何去发展和培养他们。

这个过程也没有什么神秘的。成功的公司所使用的方法都惊人的直接。它们会专门采取一些措施让组织低层的年轻人进入高层的视野。高层管理者们会亲自判断谁有潜力，他们又需要什么样的培养。高层管理者们还会与被选择出来的人讨论他们暂时性的结论，以便做出更准确的判断。

这些公司的高层管理者清晰地了解哪些人具有领导潜力，他们需要发展哪些技能，然后就会花时间制定培养计划。有时候，这些计划是正式的继任计划的一部分，或者是高潜力人才培养计划的一部分；但是通常这些计划都是非正式的。无论是哪种情况，关键的要素都是明智地估计出每个候选人需要什么样的可行的发展机会。

为了鼓励管理者参加这些活动，领导良好的公司都倾向于认可和奖励那些能够成功培养领导者的人。这个奖励很少被作为正式的报酬或奖励计划的一部分，因为这方面的成就是很难精确衡量的。但在晋升决策中这的确是一个考虑要素，特别是在提升最高层管理人员的时候，而且这一点对决策的影响还很大。如果告诉人们，他们未来的提升会在一定程度上取决于他们培养领导者的能力，即使是那些认为领导力不能被培养的人，也会想方设法去做。

将以领导为中心的文化制度化
是领导的最终行为。

这样的战略有助于树立一种企业文化，让人们重视坚强的领导力，并努力去培养这种领导力。我们需要更多的人在主宰我们今天世界的复杂的组织中提供领导，同样，我们也需要更多的人去培养能够创造领导的文化。制度化以领导力为中心的企业文化是领导者最重要的举措。

设立变革方向：卢·格斯特纳在美国运通

卢·格斯特纳(Lou Gestner)1979 年就任美国运通成为 TRS 部总裁，当时这个部门正面临着美国运通 130 年历史中最大的挑战。几百家银行都通过与美国运通卡竞争的维萨卡和万事达卡合作推出自己的信用卡，或有此打算。还有 20 多家金融服务公司计划从事旅行支票业务。在一个成熟的市场中，这种竞争的加剧通常会降低利润并限制增长。

但格斯特纳对这项业务并不是这样看的。在他加入美国运通之前，他已经为 TRS 做了五年的顾问，分析亏损的旅行分部和竞争加剧的信用卡业务。格斯特纳和他的团队提出了许多有关经济、市场和竞争的基本问题，并对这项业务形成了深刻的理解。在这个过程中，他开始精心设计 TRS 的愿景，使它看起来完全不像在一个成熟行业里有 130 年历史的企业。

格斯特纳认为，尽管有几千家银行在维萨卡和万事通卡上的竞争所带来的冲击，TRS 仍然有潜力成为一个充满活力和不断成长的公司。关键是将重点集中在全球市场，特别是那些一直享受 TRS 公司高端产品服务的相对富裕的顾客。通过对这个市场进一步细分，积极开发广泛的新产品和新服务，并投资增加产量、降低成本，TRS 可以为那些有足够的可支配收入、能够从 TRS 购买比过去更多的服务的顾客提供最好的服务。

在格斯特纳上任一周内，他把经营信用卡部的人员都召集在一起，询问他们经营业务的所有原则。特别是，他对两个被广泛接受的信念提出了质疑，即这个部门只能有一个产品绿卡，以及这个产品的增长和创新潜力都有限。

格斯特纳迅速建立了一种更具有创新精神的文化，雇用和培训那些能在这种文化中活跃发展的人，并将整体方向清晰地传达给大家。他和其他顶层管理者们都鼓励明智的冒险活动。为了使创业更容易，他们不鼓励不必要的官僚作风。他们还提高了雇佣标准，建立了 TRS 研究生管理课程，为具有高潜力的年轻人提供专门的培训、丰富的经历、和不同寻常的向上层展示自己的机会。为了鼓励所有的TRS员工勇于承担风险，格斯特纳还建立一个叫做“伟大的选手”的计划，来表扬和奖励真正杰出的客户服务，这是这个组织的愿景的核心原则。

这些激励很快带来了新的市场、产品和服务。TRS戏剧般地迅速扩展了海外市场。到1988年，美国运通卡已经用29种货币发行(十年前只有11种)。这个业务单元还积极关注两个历史上很少受到注意的细分市场：大学生和女性。1981年，TRS把信用卡和旅行服务两部分职能结合起来为公司客户提供了一种监督和控制旅行费用的统一系统。到1988年，美国运通已经成为美国第五大直接邮寄商。

其他的新产品和新服务还包括对用美国运通卡购买的货物提供的90天保险、美国运通白金卡和一种可回收的信用卡，即大家熟知的运显卡(Optima)。1988年，公司又开始用影像处理技术来处理账单，为客户制造了一种更方便的月明细表，把账单成本减少了25%。

这些创新的结果是，TRS的净利润在1978～1987年间的增长高达500%，相当于每年比上一年增长了18%。业绩比许多所谓的高科技/高增长公司都好很多。1988年的权益收益率为28%，这也超过了大多数低增长但高利润的企业。

人员结盟:查克·特罗布里奇和鲍勃·克兰德尔在柯达

柯达公司在20世纪70年代早期加入复印行业,重点是技术尖端的复印机,平均每台售价6万美元左右。十年过后,这项业务的年收入增长到了10亿美元左右。但成本高,利润很少,而且问题几乎无处不在。1984年,柯达不得不冲销了4000万美元的存货。

公司大多数人都知道存在问题,但对于如何解决问题却无法达成协议。于是,在查克·特罗布里奇(Chuck Trowbridge)就任新的复印产品集团(成立于1984年)总经理的头两个月,他几乎与集团内每一位主要管理人员碰了面,还与柯达公司其他部门可能影响复印业务的人员碰了面。其中一个特别重要的部门就是由鲍勃·克兰德尔(Bob Crandall)领导的工程部和制造部。

特罗布里奇和克兰德尔对工程和制造部的愿景很简单:使制造流程步入世界级水平,以及建立一个官僚作风较少、分权化的组织。但这个信息很难传达出去,因为它与以前传达的信息有根本的区别,不仅是在复印产品集团内部,而且与整个柯达公司传达的信息都不一样。所以克兰德尔运用了几十种方法来强调新的方向,并把它与人们联系在一起:他每周都与自己的12

名直接下属举行会议；每个月都召开“复印产品部讨论会”，每次他下属的各个部门都派一个不同的人组成一个小组与他会谈，讨论最近的进步和能够带来更好收益的新项目；每季度都举行“部门述职会”，让他下属的经理与自己部门的每一个人见面。

克兰德尔和他所有的直接下属还在每个月会见来自组织各个领域的80～100个人，讨论他们希望讨论的任何事情。柯达设备分公司是他最大的供应商，他在设计和制造过程中使用的1/3的部件都是由这个公司提供的；为了与这个公司结盟，他和他的经理们每周四都与该集团的高层管理者举行午餐会。最近，他又创造了一种叫做“商务会议”的形式，在会议中，他下属的经理会与12到20个人会面，讨论某个特殊的议题，例如库存或生产计划等。这些措施的目标是让他下属的所有1500名雇员每年至少参加一次这样的主题会议。

特罗布里奇和克兰德尔还利用了书面沟通的方式。每个月员工都会收到一份四到八页的“复印产品杂志”。其中有一个叫作“对话信”的栏目，让员工们可以任意向克兰德尔和他的高层经理们提问，并保证会得到答复。但最直观、最有力的书面沟通形式是图表。在靠近咖啡厅的主过道上，那些巨大的图表生动地展示了每种产品的质量、成本和交货情况，并且与最严格的标准进行对比。在整个制造区还散布着100个小一点的图表，报告它们所在的每个工作小组的质量水平和成本。

这个密集的结盟过程在六个月后初见成效，一年后效果更加显著。这些成功使信息更加可信，并且有助于吸引更多人参与这个过程。在1984～1988年间，一条主要产品线的质量提高了近一百倍，单位产品缺陷率从30降到了0.3。经过三年时间，另一个产品线的成本也下降了近24%。按时交货率从1985年的82%提高到1987年的95%。即使产量不断增长，库存水平仍然在1984～1988年间降低了50%以上。而且，用每个制造工人生产产品数计算的劳动生产率在1985～1988年间增长了两倍以上。

激励：理查德·尼克罗西在宝洁公司

宝洁公司纸产品部从1956年成立以来大约20年间，因为其产品质量高、价格合理、是一种营销良好的消费品，所以面临的竞争非常少。到20世纪70年代末，该部门的市场地位发生了变化。新的竞争力量严重伤害了宝洁公司。例如，行业分析家估计，公司一次性尿布的市场份额从20世纪70年代中期的75%降到了1984年的52%。

1984年,理查德·尼克罗西来到纸产品部担任副总经理。此前他曾在宝洁公司较小并且发展较快的软饮料部工作过三年。当来到这里之后,他发现这是一个严重官僚化和集权化的组织,充斥着内部职能目标和职能计划。几乎所有关于顾客的信息都来自高度定量化的市场研究。技术人员会因为节约成本而得到奖励,业务人员专注的重点就是销售量和市场份额,而且这两个团体的关系非常紧张。

在1984年夏天末,管理高层宣布尼克罗西将在十月成为纸产品部的主管,到八月份,他已经开始非正式地管理这个部门。他马上开始强调这个部门需要更加富有创造性,更加以市场为导向,而不仅仅是努力成为一个低成本的生产者。尼克罗西后来说,"我不得不跟大家说清楚,游戏的规则已经变了。"

新的变革方向包括更加强调团队合作和多样化的领导角色。尼克罗西推动了一项利用一个小组来管理这个部门和它的专门产品的战略。在十月,他和他的团队把他们自己任命为纸品部门的"董事会",每月召开一次会议,后来又改为每星期召开一次会议。十一月,他们又成立了"产品类别团队"来管理主要的品牌组(如尿布、卫生纸、毛巾等),并把责任下放到这些团队中去。尼克罗西强调,"不要渐进式的增长,要寻求飞跃"。

12月，尼克罗西有选择地让自己更深入地参加了某些活动。他约见了广告公司的人，并认识了其中关键的创作人员。他让尿布营销经理向他直接报告，减少了层级结构中的一个层次。他与那些负责新产品开发项目的人沟通得更多。

1985年1月，这个"董事会"宣布了新的组织结构，其中不仅包括产品类别团队，还包括新品牌业务团队。到春天的时候，"董事会"准备计划一个重要的推介活动，将纸产品部的愿景传递给尽可能多的人。1985年4月4日，纸产品部在辛辛那提本部的所有人员，加上地区销售经理和造纸厂经理，一共几千人，在当地的莫索尼克教堂聚会。尼克罗西和其他"董事会"成员描述了他们的组织愿景：每个人都是领导者。此次活动被录制了下来，编辑后发送到所有的销售办公室和工厂，让每个人都看到。

这些活动都帮助纸产品部创建了一个具有创新精神的环境，大量的员工受到了激励，去实现新的愿景。大多数创意都来自与新产品打交道的人。帮宝适纸尿裤(Ultra Pampers)是在1985年2月首次推向市场的，上市伊始，整个帮宝适产品线中各个产品的市场份额就达到40%到58%不等，有些产品刚刚能维持收支平衡，有些则有正的利润。1987年5月，纸产品部又推出了Luvs Delux品牌的新产品。在仅仅几个月的时间内，整个品牌的市场份额就增长了150%。

雇员其他的创新活动都更多地被引导向某个职能领域，有些创新活动还来自于层级结构的底层。1986年春天，这个部门的几位秘书在新文化授予他们权力的感召下，建立了一个秘书网络。这个协会设置了几个下属委员会，分别负责培训、奖励和认可、“秘书的未来”等工作。纸产品部的一位秘书与她的同行一样为此深有感触，她说：“我现在感觉到我们也能为确定部门变革的新方向贡献智慧。”

到1988年末，经过四年时间，纸产品部的收入提高了40%，利润提高68%。尽管在这个领域中竞争日渐剧烈，他们仍然取得了这样的进步。

4. 领导变革

4. 领导变革[①]

为什么革新会失败

在过去十年中，我观察了 100 多家努力想让自己变成一个更优秀的竞争者的公司。它们中有大公司（福特公司）、小公司（兰德马克公司）、总部设在美国的公司（通用汽车公司）、总部设在其他地方的公司（英国航空公司）、处于严重危机中的公司（东方航空）、和赚大钱的公司（百时美-施贵宝公司）。这些措施打出了许多旗号：全面质量管理、流程再造、合理精简、组织重构、文化变革和复兴。但几乎无论打出什么旗号，其最基本的目标都是相同的：对开展业务的方式进行根本的变革，以帮助企业应对新的、更具挑战性的市场环境。

有些公司的变革措施非常成功。有一些却是完全

① 这篇文章首次发表在《哈佛商业评论》1995 年 3-4 月刊。

失败的。大部分则介于成功与失败之间，明显地更靠近失败。从这些措施中得到的教训是很有益的，在未来十年不断加剧的竞争性商业环境中，可能会有更多组织面临同样的教训。

从比较成功的案例中可以总结出的最常见的教训是，变革过程要经过一系列的阶段，总的来说，这些阶段通常需要经历一段相当长的时间。跳过某些步骤只会产生加快速度的假象，却不可能带来令人满意的结果。第二个常见的教训是，在任何一个阶段发生的关键错误都会产生破坏性的影响，减缓行动的速度，抵消来之不易的成果。也许是因为我们对于重建一个组织的经验比较少，即使非常能干的人通常也会至少犯一个重大的错误。

错误 1　没有建立足够的紧迫感

大部分成功的变革措施的起点都是，某些人或某个群体开始努力地审视公司的竞争形势、市场地位、技术趋势和财务业绩。他们重点关注的是，当重要的专利到期时可能出现的收益降低，五年来核心业务的利润一直呈下降趋势，或者似乎每个人都忽略了的新兴市场。然后他们会想办法去广泛、大量地沟通这些信息，特别是关于危机、潜在危机或稍纵即逝的巨大机会。这个第一步很重要，因为启动一个转变计划需要许多人的通力协作。没有激励，人们就不会合作，采取的措施将一无所获。

与变革过程中的其他步骤相比，第一步好像很容易。但实际上并非如此。在我所观察的公司中，有50％以上在第一步就失败了。失败的原因是什么呢？有时候是因为高层管理者低估了将人们从安乐窝里拉出来的困难程度。有时候是因为他们高估了自己为紧急情况所作的准备。有时候是因为他们缺乏耐心："准备得够充分了，让我们继续下一步吧。"在很多情况下，各种不利因素可能使高层管理者陷入困境。他们担心有资历的员工会变得防范，士气会下降，事情会失控，短期业务成果可能无法实现，股票会下跌，而他们则会因为制造了危机而受到谴责。

出现一个瘫痪的高级管理层通常是因为管理者太多而领导者不足。管理的天职就是将风险降到最小，保证当前系统的正常运营。而变革从定义上看，需要创造一个新系统，而这个系统又总是需要领导者。除非有足够多的真正的领导者被提升或聘任到高层的岗位上，否则复兴过程的第一阶段等于什么也没做。

当组织有了一个新的首脑，并且，他是一个优秀的领导者，而且能够看到进行重大变革的需要，那么转变通常就开始了，还进行得非常顺利。如果复兴的目标是整个公司，那么首席执行官就是关键。如果是一个部门需要变革，那么部门的总经理就是关键。如果这些人不是新的领导者、不是优秀的领导者或变革的拥护者，那么，第一阶段将会是一个巨大的挑战。

在第一阶段，糟糕的业务成果既是祝福也是诅咒。它带来的有利一面是，金钱损失的确能引起人们的注意。但它也会使回旋的余地缩小。好的业务成果则恰恰相反：要说服人们需要变革将更加困难，但你可以拥有更多的资源帮助你完成变革。

但无论起点是好的业绩还是差的业绩，在我所看到的比较成功的案例中，个人或群体总会对潜在的不容乐观的事实进行坦率的讨论：关于新出现的竞争、利润缩减、市场份额降低、收入毫无增长、收益没有增长或者其他表明竞争地位下降的指数。因为几乎所有的人都倾向于迁怒于报告坏消息的人，尤其当组织的首脑不是变革的拥护者的时候，这些公司的高级经理们往往依靠外部人士传达不受欢迎的消息。华尔街分析家、客户和咨询师都可以充当这样的角色。用一家大型欧洲公司前任首席执行官的话来说，所有这些活动的目的都是"使现状看上去比进入一个未知的世界更危险。"

一个首席执行官精心策划了

公司历史上最大的会计亏损。

在几个最成功的案例中，都有一个团体制造了危机。一个首席执行官精心策划了公司历史上最大的会计亏损，使公司在这个过程中承受了来自华尔街的巨大压力。一个分公司的总裁委托进行了公司第一次客户满意度调查，因为他清楚地知道调查结果将会很糟糕。然后他将这个结果公之于众。从表面上看，这样的行动似乎过于冒险。但过分安全的方式也会带来风险：如果危急的程度不够高，转变过程就不可能成功，组织的长期未来就岌岌可危了。

什么时候的危急度足够高了呢？根据我的了解，答案是当公司管理层中有75%左右的人真的相信公司的现状已经到了已经完全不可接受的时候了。要是没有达到这个程度，在后面的过程中就会产生严重的问题。

错误2 没有建立起足够强有力的指导联盟

重大的复兴方案通常肇始于一、两个人而已。在成功转型的案例中，领导联盟都会随着时间推移不断壮大。但只要在采取措施之前没有形成某种最小规模的领导联盟，就不会发生任何有价值的事情。

人们常说，除非组织的首脑积极支持，否则不可能实现重大的变革。我所说的远远不止这些。在成功的转型过程中，主席、总裁或部门的总经理，再加上另外5

个、15个或50个人，走到一起共同承诺要通过复兴来实现优秀的业绩。根据我的经验，这样的一个小组从来不可能包括公司所有最高层的领导，因为一些人就是不买账，至少在最初的时候是这样。但在最成功的案例中，这个联盟通常在头衔、信息和经验、声望和关系等方面都非常强有力。

无论组织是大是小，在复兴的第一年成功的指导团队可能都只有三五个人。但大公司在进入第三阶段以后，这个联盟必须扩大到20至50人，才能取得进一步进展。高级经理人通常是这个联盟的核心。但有时这个联盟中也会包括董事会成员、主要客户的代表、甚至强有力的工会领导者。

因为这个指导联盟中包括了一些不是公司高级管理层的人，所以，从定义上讲，它往往会在正常的层级结构之外运作。这可能有些尴尬，但很明显，这是必要的。如果现行的层级结构运行得很好，也就没有必要进行大的转型了。但既然目前的系统运行不良，改革通常也就需要在正式的边界、期望和规则以外进行一些活动。

管理层高度的紧迫感可以大大促进指导联盟的形成。但通常需要更多因素来促进指导联盟的形成。需要将这些人召集在一起，帮助他们对公司的问题和机会形成共同的评价，建立最低程度的信任和沟通。两到三天的离岗思考是完成这项任务的常用方法。我看到许多高层管理者团队，从 5 到 35 人不等，进行几个月这样的封闭思考。

在第二阶段失败的公司通常低估了进行变革的难度，从而低估了一个强有力的指导联盟的重要性。有时，他们从未在高层开展过团队合作，因此低估了这种联盟的重要性。有时他们希望这个团队能由人力资源、质量或战略规划部门的高级参谋人员来领导，而不是层级中的核心层来领导。所以不管这个参谋主管多能干、多尽力，没有强有力的高层领导的团队永远不可能得到所需要的权力。

如果变革措施没有得到足够强大的指导联盟的领导，在短期内可能也会取得明显的成绩。但迟早负面的因素会累积起来，进而阻碍变革。

错误 3　缺少愿景

在我见过的每个成功的转型中，指导联盟都勾画出了一幅未来的图画，这幅图画很容易交流，并且能够吸引客户、股东和员工。愿景包括的内容通常远远不止我们在典型的五年计划中常见的那些数字。它勾勒的蓝图帮助我们确立未来组织前进的方向。有的时候，第一稿主要是一个人拟定的。它通常会有一点模糊，至少最初是这样的。但经过这个联盟 3～5 个月甚至12个月的努力，通过他们严密的分析和梦想一点点汇聚，会形成一个好得多的东西。最后，实现这个愿景的战略也会制定出来。

在一家中等规模的欧洲公司里，最终的愿景中只有2/3的基本思想在最初的版本中被包括。向全球发展的概念一开始就包含在里面了。在某些业务中成为卓越公司的思想也是这样。但在最终版本的一个中心思想：让公司的主营业务远离低附加值的活动，则是经过几个月的一系列讨论才加入到愿景中来的。

在失败的转型中，你常常能看到大量的计划和方案，但是却没有愿景。

没有合理的愿景，变革的努力就很容易分散成一些混乱、不协调的项目，它们会使组织走上错误的方向，或者原地不动。没有明智的愿景，会计部门的流程再造、人力资源部360度绩效评估、工厂的质量项目、销售人员的文化变革项目就不可能以一种有意义的方式组合起来。

在失败的转型中，你常常能看到大量的计划、指令和方案，但是却没有愿景。有时候，公司能拿出一个四英寸厚的记事本，里面描述了它的变革措施。这个本子把程序、目标、方法和最后期限都描述得极其详细，以至于让人头脑麻木。但没有一个地方清晰、引人注目地说明所有这些东西将把组织引向何方。毫不奇怪，与我谈话的大部分员工都感到困惑或者感觉自己被排除在外了。这本大大的厚厚的书没有把他们聚集在一起，也没有鼓舞大家进行变革。实际上，它们也许会起到相反的效果。

在我见过的几个不太成功的案例中，管理层有一定的方向感，但这个方向太复杂或太模糊，无法实际应用。最近，我请一家中型公司中的一位高级管理者描述一下公司的愿景，结果他进行了30分钟让人很难理解的演讲。在他的回答里隐藏着构成一个明智的愿景的基本要素。但是它们被埋藏起来了而且是被深深地埋藏起来了。

愿景勾勒的蓝图帮助我们
确立未来组织前进的方向。

一个很有用的经验之谈是：如果你不能在五分钟之内将愿景传达给某个人，并让他表示非常理解和感兴趣，说明你在转型过程的这个阶段还没有做好。

错误4 没有用十种要素对愿景进行良好的沟通

我见过三种沟通模式，都很常见。第一种是，一个团队的确制定了相当好的变革愿景，然后召开了一次会议，或采取一种单一的沟通方式来沟通这个愿景。这种方式只利用了公司每年沟通能力中的0.0001%，结果团队会惊讶地发现几乎没有人理解新的愿景。第二种模式是，组织的首脑花了相当多的时间向全体员工发表讲话，但大部分人仍然不理解组织的愿景（这并不奇怪，因为它只利用了每年总的沟通能力的0.0005%来沟通愿景）。第三种模式是，组织花费了大量精力发表时事通讯和演讲，但某些令人瞩目的高级管理者的行为仍然与愿景背道而驰。最终的结果就是整个队伍开始冷嘲热讽，对沟通的信任下降。

除非几百个或几千个人都愿意帮助，通常要做一些暂时的牺牲，否则组织是不可能进行成功转型的。即使员工对现状不满意，他们也不会做出牺牲，除非他们相信可能会发生有益的变革。如果没有可靠的沟通，大量的沟通，就永远吸引不住整个队伍的凝聚力和思想。

如果短期的牺牲包括失去工作，那么第四个阶段就会特别艰难。如果缩小规模是愿景的一部分，就很难获得理解和支持。由于这个原因，成功的愿景中通常都会包括实现新增长的可能性，和公平对待每一个被裁员人员的承诺。

沟通良好的高级管理者会将信息融进他们每时每刻的活动中去。在对业务问题进行例行讨论的时候，他们会讨论提议的解决方案是否与大的前景相配合。在常规的绩效评估中，他们会谈及员工的行为是帮助还是损害了愿景的实现。在部门季度业绩评价会上，他们不仅会谈及数字，而且会谈到部门的高级管理者为转型做了哪些努力。在公司与员工的例行问答会上，他们会把答案紧扣复兴的目标。

在比较成功的转型措施中，高级管理者们会利用所有沟通渠道来宣传愿景。他们会把枯燥、没人看的公司新闻简报变成关于愿景的生动文章。他们会参加形式化的单调的季度管理会议，并把它变成令人兴奋的变革讨论会。他们抛弃了很多普通的公司管理培训课程，取而代之的是关注业务问题和新愿景的课程。他们的指导原则很简单：利用每一个可能的渠道，特别是利用那些浪费在传播不必要的信息上的渠道。

也许更重要的是，我认识的成功完成了变革的大多数高级管理者都学会了“边走边谈”。他们会有意识地使自己成为公司新文化的生动的象征。而这通常并不太容易。一位60岁的过去40年中很少想到顾客的工厂经理，他的行为很难突然之间转变为以顾客为导向。但我亲眼见过这样的个人变化，而且是巨大的变化。在这种情况下，高度的紧迫感会发挥作用。发生变化的这个人是领导联盟的一员，并参与了愿景的制定，这一切对他的转变非常有作用。如果所有的交流都不断提醒他什么样的行为是组织所期望的，当他的行为不符合期望的时候，他的同事和下属的反馈都会帮助他看到这一点，那么也会促进他的转变。

交流既有语言上的也有行动上的，而后者通常是最有力量的方式。如果重要人物的行为与言语不一致，对变革的损害是最大的。

错误5 没有移除阻碍新愿景的障碍

成功的转型在进行的过程中会逐渐涉及到大量的人员。变革的发起者会鼓励员工们尝试新方法、提出新观点、并提供新的领导者。惟一的限制是所有的活动都必须符合整体的愿景。参加的人越多，效果就越好。

在某种程度上，指导联盟只要能够与其他人成功地沟通新方向，就可以促使他们采取行动。但沟通本身永远都不足。复兴还需要移除障碍。通常员工都能够理解新的愿景，并且愿意为这个愿景的实现贡献力量。但似乎总有个庞然大物阻碍了他前进的道路。有时候，这个障碍只不过存在于人们的头脑当中，变革发起者面临的挑战就是说服大家，并不存在外在的障碍。但是在大多数时候，障碍是实实在在存在的。

通常员工都能够理解新的愿景，
并且愿意为这个愿景的实现贡献力量。
但是似乎总有什么东西阻碍了他前进的道路。

有时变革的障碍是组织结构：狭隘的岗位分类可能会严重削弱提高生产效率的努力，甚至可能使面向顾客都变得很难。有的时候，薪酬或绩效考核系统会让人们在新愿景和自身的利益之间进行权衡。但最大的障碍可能是拒绝变革的老板，和提出要求与整体努力方向不一致的老板。

最大的障碍是拒绝变革的老板，
和提出要求与整体努力方向不一致的老板。

一个公司在开始变革的时候总是轰轰烈烈的，并且经过第四阶段后也确实取得了比较大的进步。然后变革措施就慢慢停下来了，因为负责公司最大的部门的高级职员竟然被允许破坏大部分新举措。他对变革的进程只是空口说说而已，并没有改变他的行为，也没有鼓励他下属的经理们进行变革。他没有奖励那些反传统的观点，而这种观点正是愿景所需要的。他允许人力资源制度一成不变，甚至当这些制度很明显与新的观点不一致的时候也是如此。我认为这个高级职员的动机是非常复杂的。在某种程度上，他不认为公司需要重大的变革。在某种程度上,他觉得变革会带来个人威胁。在某种程度上,他害怕他不能够既进行变革又实现期望的营业利润。但尽管他阻碍复兴的努力,其他高级职员们却并没有采取任何行动去阻止这个阻挠者。这个原因也是很复杂的。公司历史上也从来没有面对过这样的问题。某些人害怕这个高级职员。首席执行官则担心会失去一个能干的高级管理者。最终的结果是灾难性的。低层管理者们会得出结论,高层管理者的变革承诺是对他们的欺骗,于是会出现冷嘲热讽,并导致全部的努力都功亏一篑。

在转变的前半部分,没有一个组织有动力、力量或时间清除所有的障碍。但这些巨大的障碍必须被正视和清除。如果阻挠者是一个人,在清除障碍的时候要注意公正地对待他,而且对待他的方式要与新愿景相一致。但是必须采取行动,这对于授权给他人,以及维持变革措施的整体可信性,都是非常必要的。

错误 6　没有系统规划和实现短期胜利

真正的变革需要时间。但是如果没有可实现和庆祝的短期目标,变革的努力会有失去动力的危险。大多数人都不愿意进行一次长征,除非他们能在 12～24

个月内看到有说服力的证据，表明这次征程正在带来预期的成果。没有短期的成果，绝大多数人都会放弃，或者加入那些抗拒变革的人的行列。

经过一到两年成功的变革努力，你会发现质量上升到了某个水平，或者净利润不再下降了。你会发现新产品被成功引入，或市场份额上扬。你会发现可观的生产效率改进或客户满意度显著增高。但无论哪种情况，成果都是显而易见的，而不仅仅是可能被反对变革的人小看的一种判断决定。

获得短期成果与希望获得短期成果是有区别的。后者是被动的，而前者是主动的。在成功的变革过程中，管理者们会主动想办法，获得明确的绩效改进，在年度计划系统中树立目标，实现目标，并用表扬、晋升、甚至是金钱等手段奖励做出贡献的人。例如，一家美国制造业公司的领导联盟，在开始变革后大约 20 个月，十分明显和成功地引进了新产品。选择这种新产品用了大约 6 个月的时间，因为它必须满足很多标准：它要能在比较短的时间里设计和开发出来；它必须可以由一小组愿意为新愿景贡献力量的人来执行；它要有增长的潜力；新产品开发团队要能在确定的部门结构之外进行工作，而不会遇到现实问题。几乎没有什么是靠碰运气的，变革取得的成果会让变革过程更可信。

管理者们常常抱怨他们被迫作出短期成绩，但我发现在变革努力中压力是个很有用的因素。当人们明确地发现,重大的变革需要很长时间时,紧迫感就会降低。承诺实现短期效果有助于把紧迫感保持在一个较高的水平,促使人们进行详细的分析,以明确或修改愿景。

错误 7 胜利宣布得太快

经过几年艰苦的工作,在取得了第一次明确的业绩改进时,管理者们可能很想宣布胜利。庆祝一个小胜利确实不错,但是宣布已经打了胜仗却可能带来灾难性的后果。变革要深植于企业文化中需要五到十年的时间,在此之前,新的方法始终是脆弱的,很容易退回到原来的状态。

庆祝一个小胜利确实不错,但是宣布已经打了胜仗却可能带来灾难性的后果。

在近几年里,我观察了 12 个在流程再造的主题下进行的变革。除了两个案例以外,所有的案例都在变革开始两三年后,第一个主要项目完成的时候,宣布了胜利。而且还向重金聘请的顾问们表示感谢,并付给他们酬金。然而又过了两年,已经引入的有效变革慢慢消失了。在这十个案例中,有两个已经很难找到任何流程再造的踪迹了。

在过去 20 年中,我看到在大型质量项目、组织开发项目、以及更多的变革中都发生过类似的情况。通常,问题在变革过程的早期就出现了:紧迫感不够强烈,指导联盟不够有力,愿景也不够清晰。但毁掉变革动力的真正原因是过早宣布胜利。然后,强大的传统力量就占了上风。

具有讽刺意味的是,常常是变革发起者和变革阻挠者共同导致了过早宣布胜利。变革的发起者对取得进步的明确信号非常热情,以至于变得狂热起来。然后阻挠者也加入进来,他们能够迅速发现阻止变革的任何机会。庆祝结束后,阻挠者会说这次胜利是打了胜仗的标志,将士们可以解甲归田了。疲劳的军队很容易相信他们已经赢了。一旦回到家里,步兵们就不愿意再爬上征程了。很快,变革就停止了,传统力量又卷土重来。

成功的领导者会利用短期胜利赢得的可信度去解决更大的问题,而不是宣布胜利。他们会寻找与变革愿景不一致的制度和结构,和以前没有面对过的制度和结构。他们会特别关注要晋升谁、解雇谁、以及如何开发员工。他们会启动新的流程再造项目,这些项目涉及的范围甚至比最初的变革项目更大。他们理解,变革的努力不是月计而是以年计的。实际上,在一个我所见过的最成功的变革中，我们记录了 7 年中每年发生的变革数量，并用从 1（低）到 10（高）的数字给它们打分。结果第一年的得分是 2，第二年是 4，第三年是 3，第四年是 7，第五年是 8，第六年是 4，第七年是 2。变革的高峰出现在第五年，也就是出现第一次明显的胜利整整 36 个月后。

错误 8　没有将变革根植在公司文化中

最后，只有当变革成为“我们这里做事的方式”的时候，当它渗入到公司肌体的血液中的时候，变革才被根植下来了。在新的行为方式扎根在社会规范和共同的价值观中之前，只要变革的压力消除了，变革都很容易衰退。

在将变革制度化到公司文化中的过程中，有两个因素特别重要。第一是要有意识地努力向人们展示新方法、新行为和新态度如何改进了业绩。如果让人们自己去在变革和业绩改进之间建立联系，他们建立的联系有时候会非常不准确。例如，当哈利当老板的时候，成果改进不少，员工们可能就会认为是他奇怪的风格带来了改进，而没有看到是他们自己在顾客服务和生产效率上的改善起到了很大作用。让人们看到变革和业绩改进之间的正确的联系需要沟通。实际上，一个公司如果能坚持不懈地进行沟通，它会得到巨大的回报。花在每一次重要管理会议上的时间都应该用来讨论为什么绩效会改进。公司的报纸要一篇文章接一篇文章地展示变革是如何增加了公司的收益。

第二个因素是要花充分的时间保证新一届最高层管理者真正是新方法的化身。如果晋升的条件不变，变革很少能持续下去。组织最高层的一个糟糕的继任决策可能会使十年的艰苦工作成为泡影。如果董事会没有参与变革努力，就很可能做出糟糕的继任决策。我至少看到过三次这样的例子，变革的发起者是即将退休的高层管理者，他的继任者虽然不是变革的反对派，但也不是拥护者。由于董事会不理解变革的详细内容，他们不知道他们的选择是不合适的。在一个例子中，即将退休的高层管理者试图劝说董事会选择经验不太丰富、但是能够成为变革的代言人的候选人，但是没有成功。在另外两个例子中，即将卸任的首席执行官没有阻止董事会的选择，因为他们觉得接任者不可能废除已经进行的变革。但是他们错了。在两年时间里，这两家公司中变革的迹象都渐渐消失了。

人们还会犯更多的错误，但这八个错误是最严重的(见图表 4-1)。我知道，在一篇很短的文章里，任何分析都会显得太简单了。实际上，即使成功的变革也是杂乱无章的，也充满了惊喜。但就像组织需要一个相对简单的愿景来指导人们完成变革一样，变革过程中相对简单的愿景也会减少犯错误的概率。成功与失败之间的区别可能就在于犯的错误较少。

图表 4-1 组织变革的八个步骤

---

① **建立紧迫感**

审视市场和竞争的现实情况

识别和讨论危机、潜在危机或主要的机会

② **形成强有力的指导联盟**

组成具有足够权力的小组领导变革措施

鼓励这个小组像一个团队那样通力协作

③ **树立愿景**

树立愿景来指导变革的方向

制定实现愿景的战略

④ **沟通愿景**

利用每一种可能的手段来沟通愿景和战略

通过指导联盟的榜样来教导人们产生新的行为

⑤ **授权他人来实施愿景**

清除变革的障碍

改变严重破坏愿景的制度或结构

鼓励人们承担风险和非传统的观点、行为和行动

⑥ **规划和实现短期成果**

规划明显的业绩改进

实现改进

表扬和奖励参与改进的员工

⑦ **巩固改进成果,推动进一步变革**

利用提高了的可信度来改变不适合愿景的系统、结构和政策

雇用、晋升、培养能够实现愿景的员工

用新的项目、主题和变革手段为变革过程注入新的能量

⑧ **将新方法制度化**

在新行为与公司成功之间建立起联系

寻找方法来保证领导的培养和持续

第二部分

依赖与网络

5. 权力、依赖与有效管理

5. 权力、依赖与有效管理[①]

美国人通常都对权力或权力的运作感觉不舒服。我们常常怀疑和质疑那些我们认为积极追求权力的人。我们对被操纵有某种恐惧心理。即使一个人认为权力的变化是不可避免的和必要的，当他自己调动和利用权力的时候，通常也会有罪恶感。简单地说，我们对待权力的整体态度和感觉是负面的，这种态度和感觉可以追溯到建国之初。查尔斯·赖克(Charles Reich)写过一本广受欢迎的书《美国的绿色和平主义》(Greening of America)，在这本书中他提出了许多类似的观点，“罪恶的不是权力的滥用，权力的存在就是罪恶的。”[1]

这种态度引发了许多后果，其中之一就是，权力这

① 作者注：这篇文章中使用的数据来自于对26个组织的客观研究，这26个组织相互之间差异很大，有大型组织、小型组织，公共部门和私人部门的组织，制造业和服务业组织。这项研究哈佛商学院研究部资助。作为研究过程的一部分，作者采访了大约250名经理人。这篇文章首次发表在《哈佛商业评论》1977年7-8月刊。

个值得理性研究和探讨的主题没有受到足够的关注，甚至在管理领域也是如此。如果读者对此表示怀疑，你只要去浏览一些教科书、杂志或高级管理课程简介就会相信了。权力这个词在这些资料中很少出现。

围绕着权力和管理的主题已经存在许多混淆和误解，对权力这个主题的缺乏关注只不过增加了混淆和误解的程度。而且，这种误解已经越来越难以承受，因为在今天庞大和复杂的组织里，一个人要想在大部分管理岗位上有出色的表现，都必须要有技巧地获得和使用权力。

根据我自己的观察，我怀疑很大一部分管理者的表现都远远低于他们的潜力，特别是受过良好教育的年轻管理者，因为他们不理解权力的动态变化，没有培养和发展起一种本能，去有效地获得和使用权力。

我希望在这篇文章中对下面三个问题提出尝试性的答案，从而澄清某些与权力和管理岗位有关的混淆。

1. 为什么权力的动态变化必然是管理性程序中一个重要的部分？

2. 有效的管理者如何获得权力？

3. 有效的管理者如何运用权力，运用权力的目的何在？

我不会解决关于权力滥用的问题，但这不是因为我认为这些问题不重要。有时候，有些管理者获得和使用权力主要是为了提高他们自己的地位，这个事实很明显是一个非常重要的问题，值得我们关注和仔细研究。但这个问题本身就很复杂，而且已经比本文的主题得到了更多的关注。

认可管理者工作中的依赖性

典型的管理者的一个显著特征就是他们强烈依赖各种其他人的活动来有效地完成自己的工作。[2]医生和数学家的工作更直接地依赖于他们自己的天赋和努力，而管理者不一样，他们会在不同程度上依赖上级、下属、组织其他部门的同事、同事的下属，外部的供应商、客户、竞争者、工会、政策制定机构等许多其他的团体。

这些依赖关系是管理工作与生俱来的一部分，这是因为组织中两个活生生的现实：劳动分工和有限资源。因为组织中的工作被分割为各种专门的分支机构、部门和岗位，管理者们必须直接或间接地依靠许多其他人获得信息、参谋服务和合作。因为组织的资源是有限的，管理者们也必须依靠他们的外界环境获得支持。没有供应商、竞争者、工会、政策制定机构和客户某种最低限度的合作，管理者们就无法使组织生存下来，并实现它们的目标。

处理这些依赖关系以及由此给管理者带来的缺陷

是管理工作的重点和难点。因为尽管从理论上讲，所有人员和组织都会自动地按照管理者希望和需要的方式行动，可现实中几乎永远也不会出现这种情况。管理者所依赖的所有人的时间、精力和天赋都有限，有许多需求在争夺这些有限的时间、精力和天赋。

有些人不太合作是因为他们太忙于其他的事情了，有些人是因为他们真的爱莫能助。还有些人的目标、价值观和信仰与管理者完全不同，甚至有冲突，所以不愿意帮忙或合作。很明显，一个与你竞争的公司会持这种态度，有时候工会也一样；但是如果一个老板感到管理者的职业进步对他构成了威胁，或者一个同事的目标与管理者的目标有冲突，他们也会持这种态度。

毫无疑问，管理者常常发现自己要依赖很多他们不能直接控制的人和不愿意合作的人。这是管理者们在工作中感到最沮丧的一件事情，即使最高层管理者也是这样。下面的举例就说明了这样的情况：

经过近一年的谣传，最后终于宣布 ABC 公司的总裁当选为董事会主席，公司财务副总裁吉姆·富兰克林(Jim Franklin)将代替他成为总裁。尽管 ABC 公司的每一个人都知道高层很快会进行一次调整，但是在宣布之前大家根本就不知道谁会是下一任总裁。大多数人都猜测会是营销副总裁菲尔·库克(Phil Cook)。

富兰克林就任首席执行官九个月后，发现菲尔·

库克(当时也是营销副总裁)似乎总以一些不易察觉的微妙的方式与自己作对。库克没做任何明目张胆的事情,但他就是不能像其他副总裁一样与富兰克林合作。当选后不久,富兰克林曾尝试避免他认为会与库克发生冲突的事情,他告诉库克,如果库克愿意跳槽到其他使他能成为首席执行官的公司去,他也非常理解。富兰克林说这对公司当然是个巨大的损失,但如果库克想在其他地方寻找成为首席执行官的机会,他愿意在许多方面提供帮助。库克对他表示感谢,但是说,家庭和社区的责任使他不能到其他城市去,但是所有成为首席执行官的机会肯定都在别的城市。

第十个月、第十一个月过去了,情况并没有改善,由于富兰克林开始认真地考虑迫使库克离开公司。当他想到这样做的后果时,他才越来越意识到他是多么地依赖库克。在他们这个行业里,营销和销售通常是公司成功的关键,而公司的销售队伍是行业里最好的队伍之一,甚至可以说是最好的。库克已经在公司工作了25年。他已经同销售部门的许多员工建立了密切的个人关系,受到普遍的欢迎。如果库克被解雇,很可能会有大批人随之而去。销售人员的大量损失,甚至销售部门的混乱,会对公司的业绩产生严重的影响。

成为首席执行官一年后,富兰克林发现他与库克的关系仍然没有改善,并且经常阻碍工作的开展。

当一个人在组织中获得了更多正式权力的时候,

他容易受影响的地方增加了，而且变得更复杂了，而不是相反。就像前面的例子所说明的那样，一个组织的总裁处于一个高度依赖他人的位置是很常见的，组织外部的人和垂涎总裁位置的低层管理者们经常不了解这一点。

管理学教科书会告诉我们管理者在做什么，根据这些教科书的观点，一个非常成功的管理者的很多行为似乎都是不可理喻的。但是当你考虑到管理者需要管理他与其他人的关系，和为此做出的努力时，这些行为就变得可以理解了。为了能够计划、组织、预算、安排人员、控制和评估，管理者们需要对他们依赖的很多人有一定的控制力。试图单纯通过指挥其他人来进行控制，或者利用职位带来的权力来进行控制是不会奏效的。首先，管理者们总要依赖一些他们无法行使正式权力的人。第二，在现代组织里，几乎没有人愿意仅仅因为一个人是老板，就被动地接受和完全服从他持续不断的命令。

单单通过说服的方法来影响他人也不会有效果。虽然说服很有力量，可能是最重要的施加影响的方法，但它也有严重的缺陷。想成功说服他人需要时间（通常是大量的时间）、技巧和信息。而仅仅因为别人不愿意听或不仔细听，说服就可能会失败。

这并不是说，说服别人和依靠职位具有的正式权力来指挥别人不是成功的管理者们所运用的重要方法。它们显然很重要。但即使双管齐下，也常常是不够的。

成功的管理者处理他们对他人的依赖的方法是，保持对依赖的敏感，减少或避免不必要的依赖，以及在他人面前建立权威。然后，称职的管理者会利用这种权力帮助他完成规划、组织、安排人员、预算、评估等工作。换句话说，正是因为管理工作固有的依赖性，权力的动态变化必然成为管理工作中的重要部分。

几年前我参加过一个中层管理人员培训研讨会上，我在这次研讨会上看到的一个论据有助于进一步说明管理者对权力的需求和他对他人的依赖程度之间的重要关系：

当时有两个与会者，都是三十多岁的经理人，在管理者获得和使用权力的问题上产生了严重的分歧。一个人的立场是，权力绝对是管理工作的核心。而另一个则认为权力毫不重要。为了支持他们的观点，每个人都描述了一位他们合作过的“成功”管理者。在其中一个例子中，管理者似乎在不断地发展和使用权力。而在另一个例子中，这样的行为却很少。于是，我们要求他们两个人都根据工作中固有的依赖性来描述一下他们认为成功的管理者的工作。

认为权力不重要的那位年轻经理人描述了一个小公司的人事副总裁，他只依赖他的直接下属、同事和老板。这个人，乔·菲利普斯(Joe Phillips)，不得不依赖他的下属去适当地完成工作，但如果有必要，他可以代替他们任何一个人，或者可以保证很容易地接替他们。他对这些下属也有相当正式的权威；也就是说，他能给他们加薪和安排新任务、建议晋升他们或者解雇他们。他对公司其他四个副总裁的依赖也是适度的，通过他们获得某些信息和合作。他们也同样依赖他。总裁对菲利普斯有相当正式的权威，但同样适度地依赖他的帮助和专家意见，依赖他的下属提供的服务，依赖他获得其他信息和总体上的合作。

第二个年轻的经理人认为权力非常重要，他描述了一个服务部经理，萨姆·韦勒(Sam Weller)在一家庞大、复杂和成长中的公司工作，他处于完全不同的地位。韦勒不仅要依赖他的老板获得奖励和信息，而且要依赖其他30多个人，这些人都是分公司和公司的最高层管理者。而他的老板像菲利普斯的老板一样，也适度地依赖他，但是大多数最高层管理者并不依赖他。因为韦勒的下属中有人直接向最高层管理者汇报工作，这和菲利普斯面对的情况不一样。韦勒也不仅依赖他的下属，还要依赖下属的下属。和菲利普斯不一样，他不能轻易地代替他们，也不能完成他们所做的大部分技术工作，所以他非常依赖这些人。

此外，为了获得重要的供给品，韦勒必须依赖分公司中另外两个部门的经理。没有他们及时的帮助，他的部门就不可能开展工作。然而，这些部门对韦勒的帮助和协作却没有类似的需要。韦勒还依赖当地的工会，和规范分公司所在行业的联盟机构。如果这两个机构愿意，都可以关闭他的分公司。

最后，韦勒还依赖公司外部的两个关键原料供应商。由于他的部门的购买量相对于这两家公司的规模非常小，他对它们几乎没有任何权力。

由于这些原因，我们就丝毫不会奇怪，为什么萨姆·韦勒不得不花大量的时间和精力来获得和使用权力来管理他众多的依赖对象，而菲力普斯则不需要。

这个例子还说明，并不是所有的管理岗位都需要任职者能够有同等数量的成功的、以权力为导向的行为。但今天的大多数管理岗位都更像韦勒式的，而不是菲利普斯式的。也许更重要的是，在过去的二三十年里，管理工作正远离菲利普斯式，而向韦勒式发展。只要我们的技术继续变得更加复杂，组织继续普遍变得更加庞大，行业普遍变得更竞争和管制，这种趋势就会继续下去；在这个过程中，管理者们有效的获得和使用权力将变得更加重要。

如何在依赖关系中树立自身权力

为了有效处理工作中固有的依赖关系，有效的管理者们创造、增加或维持着四种不同类型的对他人的权力。[4]在这基础上建立起来的权力让管理者们既能在需要的时候去影响他们所依赖的人,又能避免被他们中的任何人伤害。

1. 让他人产生义务感

成功的管理者在他们与他人的关系中建立权力的一种方法就是在这些人中建立一种义务感。如果管理者做得成功,其他人会感到他们应该适当地让管理者在某种限度内影响他们。

成功的管理者常常不怕麻烦地去帮助别人,期待他们会感到有义务回报这些帮助。下面是一个下属对管理者的描述,就像我们从中看到的那样,有些人非常善于找到机会帮忙别人,他们只需要付出很少的成本,而他人却非常感激。

如果我的老板需要,我们大多数下属都愿意为他赴汤蹈火。他有一种让人难以置信的能力,自己不用做太多事,就可以为他人做很多意义重大的事情。例如,今天老板在他的垃圾信箱中发现了某种商品的广告,我的一个下属曾无意提过他想购买这种商品。于是我的老板就把信转给他。这大概只花了他 15 秒的时间,而我的下属相当感激。还有一个例子,两个星期前,他不知怎么了解到采购部经理的母亲去世了。那天晚上在他回家的路上,他顺路去了殡仪馆。我们的采购部经理当然在那里。我敢打赌，他将在很长时间内记得这次短暂的拜访。

成功的管理者意识到大多数人相信友谊会带来某些义务（“患难之交……”），所以他们常常努力与那些他依赖的人发展真正的友谊。他们也会进行正式或非正式的交易，通过放弃某些东西来换取未来的义务。

2. 让他人产生信任感

成功的管理者获得权力的第二种方法是在某个领域建立自己的“专家”声誉。其他人由于相信管理者的专业水平，通常都会服从管理者在那些领域的意见。管理者们通常可以通过看得见的成就来建立这种类型的权力。成就越大，越明显，管理者就会建立起更多的权力。管理者们表现出关心“职业声誉”和职业记录的一个原因是，这些东西会影响别人对他们的专业能力的信心。在大的背景下，大多数人对于其他人的职业能力只掌握一些间接的信息，这些因素就变得格外重要。下面的故事就说明了这种情况：

赫布·兰德利（Herb Randley）和伯特·克兰（Bert Kline）都是35岁，都在一家大型研究和开发组织中担任副总裁。与他们联系最密切的同事说，他们在技术和管理领域都同样杰出和能干。但是兰德利在公司大多数部门都拥有更强大的专业声誉，他的观点常常受到更多重视。他的好朋友和同事都说，兰德利之所以有这样大的影响力，是因为他比克兰使用了更多的策略。

兰德利发表的科学论文和管理文章比克兰多。兰德利接受的工作任务很有选择性，他会选择那些引人注目的、非常需要他配合的任务。对于他自己取得的成果，他进行了大量的宣传和演示。在会议上，对于他掌握专业知识的领域，他通常会很有说服力地下一些断语，而对于他不了解的领域，他一般都保持沉默。

3. 让他人产生认同感

管理者获得权力的第三种方法是培养他人对他们或他们所代表的观点无意识的认同。西格蒙德·弗罗伊德(Sigmund Freud)是第一个描述这种现象的人，出现这种现象很明显是因为人们都尊敬具有超凡魅力的领导者。一般来讲，人们越是有意识或(更重要的是)无意识地发现一个管理者是一个完美的人，他们就会越服从这个管理者。

管理者们建立权力的基础就是让别人在很多方面把他们理想化。他们努力去以别人尊敬的方式去观察和行动。他们有意让自己在员工中显得引人注目，宣传关于组织的目标、价值观和理想。在做出雇用和晋升决策的时候，他们甚至会考虑他们能不能对候选人形成这样的权力。

一家中等规模的制造公司的一个销售副总裁由于对销售队伍的控制非常严格而知名，所以他能让销售队伍用很短的时间对一个全新的不同的营销计划作出反应，而仅次于这家公司的竞争对手所用的时间高达他的3倍。他对员工的权力的基础主要是员工对他和他的立场的强烈认同。他17岁移民到美国，白手起家。当他在1965年成为销售经理后，他开始招募来自他原来国家的年轻移民和移民的后代。当他在1970年成为销售副总裁后，他仍然这样做。1975年，他的销售队伍中有85%都是他直接雇用的，或者是由他带进来的人雇用的。

4. 让他人产生依赖感

有效管理者们常常用来获得权力的最后一个方法是，让其他人相信他们依赖管理者获得帮助或免受伤害。大多数人越是意识到他们的依赖，就会越倾向于与他们依赖的管理者合作。

成功的管理者常常运用两种方法让人们产生依赖感。

发现和获得资源

首先，管理者要发现其他人完成工作所需要的资源，自己不具有的资源，和在其他地方无法轻易获得的资源，并且在必要的时候保卫这些资源。这些资源包括作某种决策的权威；对金钱、设备和办公空间的控制；接近重要人物的渠道；信息和控制信息的渠道和下属等。然后管理者要采取行动，让其他人正确的意识到管理者拥有这些资源，并且愿意随时用这些资源来帮助（或阻止）其他人。请看下面的例子，它虽然极端，但非常真实：

当年轻的蒂姆·巴布科克（Tim Babcock）被任命负责一家大型制造公司的一个分公司，并受命“扭转局面”的时候，他首先花几个星期时间从远处研究这个分公司。然后他认为这个分公司已经病入膏肓，他需要尽快采取许多大动作来挽救它。他意识到，为了做到这一点，他需要迅速对分公司大部分管理层和员工建立起相当大的权力。他是这样做的：

1. 他提前两个小时通知分公司管理层他的到来。

2. 他来的时候乘坐着豪华轿车，并带了六名助理。

3. 他立刻召集40名最高层管理者开会。

4. 他简要概括了他对形势的估计，承诺他会让情况好起来，并阐述了他希望事情发展的基本方向。

5. 然后他解雇了参加会议的四个高层管理人员，

告诉他们必须在两小时内离开办公大楼。

6. 然后他说，如果有任何人试图阻碍他挽救公司的努力，他个人会想尽一切办法破坏这个人的职业生涯。

7. 这个会议持续了60分钟，最后他宣布他的助手会安排他与每个人会面，从明天早晨七点开始。

在接下来最重要的六个月时间里，那些留在公司里的人基本上都精神饱满地与巴布科克合作。

影响对资源的认知

管理者有效地获得这种类型的权力的第二个方法是，影响他人对管理者拥有的资源的认知。[5]如果涉及到的人很多，而管理者没有持续地与他所依赖的人进行互动，那么关于管理者能直接或（通过其他人）间接指挥哪些相关资源，他将来会需要什么资源，或他准备如何利用这些资源去帮助或阻碍他们，这些人就很少能掌握到确凿信息。他们就不得不做出自己的判断。

管理者只有尽量影响人们的判断，才能使他们产生的权力比人们根据他们实际拥有的资源愿意赋予他们的权力大得多。

为了尽量影响人们的判断，管理者们特别关注权力"陷阱"，关注他们的名誉和形象。除了采取其他行动外，他们有时会仔细地选择、修饰和安排他们的办公室，让它成为权力的象征。他们会与那些大家公认有权力的，或者其他人认为有权力的人或组织建立联系。管理者们会有选择性地培养关于他们拥有权力的流言。实际上，那些特别擅长以这种方式创建权力的人对自身行为给别人留下的印象都非常敏感。

正式权威

在讨论管理者们如何行使他们的权力影响他人之前，有必要了解正式的权威与权力的关系。我所说的正式权威(formal authority)是指那些自动伴随管理工作而来的元素，也许是一个称号、一间办公室、一笔预算经费、做某种决策的权力、一队下属、一种汇报关系等等。

有效的管理者会把正式权威的要素当作一种资源，帮助他们建立上面讨论过的四种权力，就像他们利用其他资源一样(例如他们的教育背景)。两个拥有的正式权威相同的管理者会因为他们使用权威方式的不同，而拥有完全不同的权力。例如：

1. 有一位管理者经常与新员工或即将开始新项目的员工坐在一起，清楚地说明谁有做什么事情的正式权威，这样他使其他人产生了强烈的义务感，在以后的时间里服从他的权威。
2. 有一位管理者会有选择地提供或拒绝提供本部门能够为其他部门提供的高质量服务，从而让其他管理者清楚地意识到他们在依赖他。

但是，正式权威本身并不能保证一定程度的权力，它只不过是管理者能够用来在他的关系中创建权力的资源。

行使权力去影响他人

成功的管理者会利用他们在关系中发展起来的权力和说服，去影响他们所依赖的人，使他们的行为方式有利于管理者有效地完成工作。他们会利用他们的权力去面对面地直接影响其他人，也会用更间接的方式去影响其他人。（见图表 5-1）

图表 5-1　影响的方法

面对面方法	它们能影响什么	优点	缺陷
以责任义务为基础行使权力。	根据责任义务，人们认为属于合理范围内的行为。	迅速。不需要使用有形的资源。	如果这个要求超出了可接受的范围，就会失败。如果超出太多，其他人就会认为它不合理。
以认知到的专业能力为基础行使权力。	在能够认知到专业能力的范围内的态度和行为。	迅速。不需要使用有形的资源。	如果这个要求超出了可接受的范围，就会失败。如果超出太多，其他人就会认为它不合理。

以对经理的认同为基础行使权力。	与支持确定的理想不冲突的态度和行为。	迅速。不需要使用有限的资源。	会限制影响的方式，影响的方式不能与支持认同感的理想相冲突。
以认知到的依赖为基础行使权力。	能够被监督的广泛的行为。	迅速。当其他方法失效时，这种方法通常都比较有效。	重复的影响会鼓励其他人获得超过影响者的权力。
以认知到的依赖为基础强制性行使权力。	能够比较容易地进行监督的广泛的行为。	迅速。当其他方法失效时，这种方法通常都比较有效。	会产生报复。风险非常大。
利用说服的方法。	非常广泛的态度和行为。	能够产生不需要监督的内在动力。不需要权力，也不需要使用稀缺的物质资源。	可能非常浪费时间。需要其他人愿意倾听。
综合以上各种方法。	根据具体的组合情况而定。	比使用单一的方法更有效，风险更小。	比使用单一的方法成本高。

间接方法	它们能影响什么	优点	缺陷
使用一种或几种面对面的方法来操纵其他人的环境。	广泛的行为和态度。	当面对面的方法失效时，这种方法可能会有效。	可能非常耗费时间，执行起来很复杂。风险很高，特别是如果经常使用的话。
改变会持续影响个人的力量：正式的组织安排；非正式的社会安排；技术；组织目标说明等。	持续影响人们广泛的行为和态度。	能产生持续的影响，而不只是一次性的效果。可能会产生非常有利的影响。	通常需要相当大的权力才能实现。

直接性影响的技巧

通过行使任何类型的权力来直接影响他人的主要优点是速度快。如果确实存在权力，而且管理者能够正确理解权力的性质和强度，他什么都不用做，只要一个简洁的要求或命令就能够影响别人。

琼斯(Jones)认为由于他过去对史密斯(Smith)的帮助，史密斯应该感到对他负有义务。而且，琼斯认为，根据史密斯他对琼斯负有义务看法的认同，如果他要求史密斯将项目提前两天，史密斯可能会认为这个要求非常合理。于是琼斯仅仅给史密斯打了个电话，提出了自己的要求。史密斯只停顿了一秒钟，然后说好，他会做到。

由于可认知的依赖关系，经理约翰逊对经理贝克具有一定的权力。当约翰逊告诉贝克他希望报告能在24小时内完成时，贝克勉强地考虑了一下答应、不答应以及向更高层报怨的成本。他认为完成报告是成本最低的一种方式，所以他告诉约翰逊他会做到。

波特特别认同马凯特，一位不是她老板的年长的经理。波特认为马凯特是优秀经理的典范，努力把她作为自己的榜样。当马凯特让波特参与一个“对改进公司满足新的竞争产品的能力很有价值的”特别项目时，波特毫不迟疑地答应了，她每星期在正常工作时间之外花 15 个小时以上的时间,使这个项目得以圆满完成。

这四种不同类型的权力在影响他人时各有不同的优点和缺陷。例如,以认知到的专业技能或对管理者的认同为基础的权力在影响人们即时行为的同时,还通常可以影响人们的态度,所以可以产生持续的影响。与此同时,以认知到的依赖为基础的权力很难影响人们的态度,但它的好处是,如果一旦影响了人们的态度,它所能影响的行为的范围比其他方法都广泛得多。例如,如果以认知到的专业技能为基础行使权力,只能影响人们由专业知识所决定的很狭窄的范围内的态度和行为。

以认知到的依赖为基础行使权力的缺陷必须引起管理者的高度重视。如果一个人认为他要依赖管理者获得奖励(或免于处罚),他会马上同意管理者的要求,但他不会坚持到底,特别是如果管理者不能很容易地发现这个人是否遵守了他的要求,就更是如此。反复使用这种权力来影响人们,似乎还会鼓励人们试图去获得一些权力,来制衡管理者的权力。而且可能最重要的是,以强制的方式使用这种权力的风险非常大。强制会引发报复。

例如,在蒂姆·巴布科克采取这种极端手段来完成他挽救公司命运的任务的例子中,他发展和使用了以可认知的依赖为基础的权力,这样做很可能导致大批员工辞职和公司的倒闭。巴布科克完全知道这种风险，但是他还是这样做了，因为他觉得根本没有其他办法能迅速获得大量合作，而这是挽救公司所必须的。

有效的管理者通常会利用一种以上的权力来影响他人，或将权力与说服结合起来。通常，他们这样做是因为各种方式的结合能够比任何一种单一的方式更有效，而且风险小。下面的例子就说明了这一点：

我们公司中一位优秀的管理者由于各种原因对大部分的人拥有大量的权力。但他很少简单地告诉或要求某人去做什么事情。他几乎总要花几分钟尽力说服他们。他所拥有的权力一般会让这些人仔细倾听他的话，而且使他们更容易受到影响。这当然会使说服过程更迅速、更容易。他从来不会提出让人们觉得不合理的要求或命令，不冒让人们生气或烦恼的危险。

如果单独使用以认知性依赖为基础的权力，管理者常常会强制性地行使权力，但把这种方法与其他方法结合起来可以减少产生怨恨的危险。这样，管理者就能够实现很大的影响，而不只留下惩罚的苦果。

间接性影响的技巧

有效的管理者还会依靠两种不太直接的方法来影响他们所依赖的人。第一种方法是，他们会用所有直接性的方法来影响一部分人，而这些人又反过来对想要影响的目标人群施加特别的影响力。

产品经理斯坦(Stein)需要工厂经理比林斯(Billings)同意一个新产品(产品X)的设想,而比林斯认为这个想法很糟糕。斯坦发现他没有办法在逻辑上说服比林斯,因为比林斯根本就不听他讲。斯坦觉得,如果有时间,他能够突破这个障碍。但他没有时间。斯坦也意识到,比林斯永远不会只因为一些交易或利益而同意开发他不相信的产品。斯坦还觉得,不值得冒险去强迫比林斯同意,于是他采取了这样的措施:

周一,斯坦让雷诺兹(Reynolds),一位比林斯尊敬的人,给比林斯送去两份对产品X非常有利的市场调查报告,并且附了一个便笺,上面写着,"你看见了吗?我发现它们相当让人惊讶,我不能确定我是否完全相信这两份报告,但无论如何……"

周二,斯坦授意一个很有代表性的公司最大的客户在电话里与比林斯不经意地提及,他已经听到了一些传闻,说公司很快就要把产品X引入市场了,并且说"很高兴看见你们的人又像往常一样准备行动了。"

周三,斯坦授意两个行业工程师在等待会议开始的时候,站在离比林斯大约三英尺的地方,谈论产品X让人高兴的试验结果。

周四,斯坦召开了个会议,与比林斯讨论产品X的问题,只邀请了比林斯喜欢或尊敬的并且支持产品X的人参加会议。

周五，斯坦去拜访比林斯，问他同不同意开发产品X，他答应了。

这种通过操纵他人的周围环境的方法既可以影响行为也能影响态度，当其他影响方式失效时，这种方法通常会很有效。但它有许多严重的缺陷。它需要花相当多的时间和精力，而且风险很大。许多人认为用这种方式去影响别人是错误的，甚至那些无意识中自己也使用了这种方法的人也这么认为。如果他们认为有人正试图或已经试图操纵他们，他们可能会进行报复。而且，如果一个人得到了一个操纵者的名声，会严重损害他发展权力和影响他人的能力。例如，几乎没有人会认同一个操纵者。而且几乎没有人在表面上会认为一个操纵者有说服其他人的诚意。在极端的情况下，一个操纵者的名声可能会彻底毁掉一个管理者的职业生涯。

管理者间接影响他人的第二种方法是永久性地改变个体或群体的环境。他们会改变岗位描述、改变衡量绩效的正式制度、改变可获得的外部激励、改变工具、改变人员、改变个人或群体工作所需的其他资源、改变建筑、改变工作小组的规范或价值观等等。如果管理者成功地进行了变革，而且这些变革确实对个人或群体产生了期望的效果，那么这种效果会一直保持下去。

优秀的管理者能够意识到改变人们周围的各种力

量可以对人的行为产生很大的影响。与其他许多影响方式不同,这种方法不需要大量消耗有限的资源,或持续消耗管理者的精力。这种变革一旦成功,它就会独立于管理者自身而发挥作用。

所有的管理者都会在某种程度上使用这种影响方法。然而许多人佑得比较谨慎,这只不过是因为他们没有权力改变能够对他们想要影响的人有作用的力量。在许多组织里,只有最高层管理者才有权力改变正式的测评制度、外部激励制度、建筑等。

成功地形成和使用权力

那些成功地获得了相当大的权力,并且用它来管理他们对其他人的依赖关系的管理者们都具有一些共同的特征:

1. 他们对其他人认为用什么行为获得和使用权力是合理的很敏感。他们意识到,他们在获得和使用这四种类型的权力时会背负一定的“责任”。如果一个人获得了大量以可认知的专业技能为基础的权力,人们通常期望他是某个领域的专家。如果公众了解到他完全不是那个领域的专家,他可能就会被贴上“骗子”的标签,他不仅会失去权力,还会遭到其他谴责。

如果一个人得到许多人的认同,大家会期望他是一个理想的领导者。如果他明显让大家失望,他将不仅会失去权力,而且还要面临以前的追随者的愤怒。有些管理者以一种让员工们感到不公平的方式获得和使用以可认知的依赖为基础的权力,例如要求员工加班,通常会以受到工会的抵制告终。

2. 他们具有良好的直觉,能够理解不同类型的权力和影响方法。他们能很敏锐地感觉到,对什么类型的人最容易形成什么类型的权力。例如,他们知道,相对于其他方式,专业人士更易于受到可认知的专业技能的影响。他们还掌握了所有不同的影响方法的效果、成本和风险(见表 5-1)。他们善于意识到任何情况下的特殊条件,然后选择最适于那些条件的影响方法。

3. 他们倾向于在不同的程度上发展所有类型的权力,会使用表 5-1 中列举的所有的影响方法。与那些不善于影响他人的管理者不同,优秀的管理者通常不认为只有某些方法是有用的,或者只有某些方法是道德的。他们知道,任何一种方法,只要在正确的条件下使用,都有助于提高组织的效率,而几乎不会有功能紊乱的后果。同时,他们一般会尽力避免那些比其他方法风险更大的方法,那些会破坏正常职能的方法。

例如，他们只有在绝对必要的时候，才去操纵他人的环境。

4. 他们会确立职业生涯的目标，并寻找能够让他们成功地发展和行使权力的管理岗位。例如，他们会寻找可以利用他们的背景和技能控制或管理组织所面临的一些关键问题或环境中的意外事件的岗位。他们知道，如果在这种岗位上取得成功，会让其他人依赖他们，提高他们自己的可认知的专业技能。他们还会寻找那些不要求与他们自己的技能不一致的权力类型或数量的岗位。

5. 他们会利用所有的资源、正式权威和权力去发展更多的权力。我们可以借用埃德华·班菲尔德(Edward Banfield)的比喻，他们实际上在寻找向能够保证获得较高、正的回报的地方“投资”权力的方式。[6]例如，一位管理者可能要求一个人给他两个重大的支持，这样他就可以提前一天完成他的建设计划。这需要用到大量他对那个人主要以义务为基础的权力，但作为回报，这会显著提高他在组织中每个人的眼里作为一个建设项目经理的专家形象。

就像投资金钱一样，以这种方式行使权力总会有一定的风险，可能会投资很多却毫无回报，甚至最有力量的管理者也可能如此。优秀的管理者不会努力去躲避风险。相反，他们会谨慎地承担风险，就像他们在投资资本时一样。

6. 有效的管理者在进行以权力为导向的活动时，会用成熟和自控来缓和这种活动。他们很少，甚至从来没有，以冲动的方式来发展和利用他们的权力，或为了自己的扩张而发展和利用权力。

7. 最后，他们也认识到并承认，使用这些方法很明显地会影响其他人的行为和生活，而这是合理的。不像许多低效的管理者，他们会非常自然地利用权力影响他人。他们通常仅仅依靠本能就能够认识到这篇文章所讨论的全部内容，为了成功的完成困难的管理角色，试图建立和使用权力的努力是必不可少的。

你不能学着靠原则来获得权力：权力必须发自内心。但如果遵循某些原则，你就可以对权力有所了解。我们都有潜在的权力，但很少有人利用它，甚至很少有人知道存在权力。

在相对"原始"的文化中，会引导年轻人进入权力的仪式，有时会用非常复杂的方法。规则是绝对和清晰的，必须严格遵守；但他们目的在于增加被引入者对自己的认识，仅仅执行仪式是不够的。如果是在美国的印第安部落，年轻人会把自己埋到在沙漠中孤独的小山里，一直埋到脖子，这是为了学习耐心、专注和在必要的情况下保持不动的能力，但是可能不太舒服。这个过程没什么神秘，如果一个猎人总是烦躁不安，或者被苍蝇咬了就要抓痒，他不可能在狩猎中大有斩获。有能力控制自己的身体和思维才能生存。

我们的世界并不像它看上去那么不同、喧闹、复杂，但我们没有印第安人幸运。我们受过教育，并为此付出了可观的金钱和精力，但没有一位智慧的导师能使我们对成年后将要面对的世界有所准备。如果我们幸运的话，我们能学会如何工作，但对大多数人来说，生存的代价就是放弃。几乎世界上的每个人都有自己的位置，但通常这个位置不是由我们自己决定的，而是由他人决定的。我们中有些人学会如何成功，甚至如何获得名利；但是很少有人学会如何利用这个世界，而不是被它利用。

摘自 Michael Korda 的 Power! How to Get It, How to Use It. Michael Korda 和 Paul Gitlin1975 年版权所有，经作者许可引用。

6. 管理你的老板

6. 管理你的老板[①]

对于很多人来说，“管理你的老板”这句话听起来不太寻常，或令人生疑。因为在大多数组织中传统上都强调上下级关系，人们并不明白为什么需要管理向上的关系；当然，除非你是为了个人或政治原因。但我们这里谈的不是政治伎俩或拍马屁。我们指的是有意识地与你的上级合作，以便尽量为自己、老板和公司获得最好的结果。

最近的研究表明，优秀的管理者不仅会花时间和精力去管理与他们下属的关系，也会去管理他们与老板的关系。这些研究还指出，这是管理中很重要的一个方面，但是在其他方面都很聪明和上进的管理者们却常常忽略它。实际上，有些管理者会积极、有效地管理下属、产品、市场和技术，面对老板的时候却会采取几乎是消极的姿态。这样的姿态差不多总是伤害他们

① 这篇文章的合作者是哈佛商学院 UPS 基金人力资源管理教授约翰·J. 加巴罗，首次发表在《哈佛商业评论》1993 年 5-6 月刊。

和他们的公司。

成功的管理者会与他们依赖的每个人发展关系，包括他们的老板。

如果你怀疑管理与老板关系的重要性，或者认为有效管理与老板的关系并不困难，那么请思考一下下面这个痛心但发人深省的故事：

弗兰克·吉本斯(Frank Gibbons)在他所在的行业里是著名的制造天才，无论用任何收益率标准来衡量，他都是一个非常有效的高层管理者。1973 年，他的实力使他成为该行业第二大并且最赚钱公司的制造副总裁。然而吉本斯不善于管理人。他知道这一点，公司中和行业中的其他人也都知道这一点。总裁意识到了他的这个弱点，他保证向吉本斯汇报的人都善于与人合作，并且能够弥补他的缺陷。这样的安排一直非常有效。

1975 年，菲利普·博纳维(Philip Bonnevie)被提升到向吉本斯汇报的职位。为了保持原有的模式，总裁选择博纳维是因为他过去拥有良好的善于与人相处的声誉。但是，在做出这个选择的时候，总裁忽略了一点，博纳维在组织中晋升得很快；在这个过程中，他一直有非常好的老板。他从来没有被迫去管理与一位很难相处的老板的关系。回想起来，博纳维承认，他从来没想过管理他的老板也是他的一项工作。在他开始为吉本斯工作14个月后，博纳维被解雇了。在同一个季度，公司出现了七年来第一次净亏损。许多与这些事件接触较多的人都说，他们真的无法理解发生了什么。然而，也有许多事情是大家都知道的：当公司推出一种重要的新产品时，这个过程本来需要销售、工程和制造部门非常谨慎地协调决策，但是吉本斯和博纳维之间却产生了一系列误会和龃龉。

例如，博纳维声称吉本斯知道并接受了他的决定，使用新设备来制造新产品，而吉本斯发誓说他没有。还有，吉本斯声称他已经对博纳维说得很清楚了，新产品的引入对公司的短期业绩很重要，决不能冒任何大的风险。

这些误解的结果就是，计划走了样：新建成的制造工厂无法生产出工程部设计的新产品，产量也达不到销售部的要求，成本也超过了执行委员会能够同意的范围。吉本斯为这些错误指责博纳维，而博纳维也指责吉本斯。

当然，人们可以说出现问题是因为吉本斯没有能力管理好他的下属。但人们也同样可以说出现问题是因为博纳维没有能力管理好他的老板。请记住，吉本斯与其他下属相处并没有困难。再说，看看博纳维为此付出的个人代价（被解雇，在业内的名誉严重受损），把问题归因于吉本斯没有能力管理下属起不到什么安慰作用。每个人都知道这一点。

我们相信,如果博纳维更善于理解吉本斯,更善于管理他们之间的关系,形势会完全不同。在这个案例中,由于没有能力向上管理而付出的代价太惨重了。公司大约损失了200万至500万美元,博纳维的职业生涯也受到了干扰,至少暂时受到了干扰。在所有大型的公司中都会定期发生很多与这个例子类似、但是代价较小的案例,累积起来的效应也是非常具有破坏性的。

致命失误:曲解老板与下属的关系

人们往往认为我们刚才讲过的这种故事只不过是因为个性冲突引起的。因为两个人有时候可能在心理或脾气上不合,无法共事,这种解释可能也很恰当。但在更多情况下,我们发现,个性的冲突只是问题的一部分,有时只是非常小的一部分。

博纳维不仅与吉本斯的个性不同,他还对老板与下属之间的关系的根本特性有着不切实际的假设和期望。特别是,他没有意识到他与吉本斯的关系涉及到两个易犯错的人之间的相互依赖关系。如果一个管理者没有意识到这一点,他通常会避免努力管理他与老板的关系,或者管理得无效。

有些人的行为方式就好像他们的老板并不特别依赖他们一样。他们没能看到老板多么需要他们的帮助和合作来有效地完成他的工作。这些人拒绝承认老板也会因为他们的行动而受到严重的伤害,老板也需要他们的合作、依赖和忠诚。

有些人认为他们不用特别依赖老板。他们掩饰为了很好地完成他们的工作,他们多么需要老板的帮助和信息。如果一个管理者的工作和决策会影响组织的其他部门,这种肤浅的观点特别有害,就像博纳维的情形一样。管理者的直接老板可能对于联系管理者与组织其他部门扮演着重要的角色,这能保证管理者处理问题的优先顺序与组织的需要一致,保证管理者能够运用必要的资源实现良好的业绩。然而有些管理者认为自己能够自给自足,就好像他们不需要老板提供的重要信息和资源一样。

老板可以把管理者与组织的其他部分联系起来,保证他们确定优先顺序,并保证他们获得他们所需要的资源。

像博纳维一样,许多管理者假设老板会奇迹般地知道他们的下属需要什么样的信息和帮助,然后提供给他们。当然有些老板确实做得很好,能够以这种方式关照下属;但对于一个管理者来说,如果期望所有的老板都能做到这一点，是很危险的不切实际的想法。一个管理者更合理的期望是，老板会提供适度的帮助。毕竟老板也只不过是一个人。大部分真正有效的管理者都承认这个事实，并为自己的职业生涯和发展承担起主要的责任。他们强调寻找他们工作所需要的信息和帮助，而不是等待老板提供。

根据前面的论述，我们似乎看到，要管理会犯错的人之间的互相依赖关系需要把握下面两点：

1. 你很好地理解他人和自己，特别是每个人的优点、弱点、工作风格和需要。

2. 你利用这些信息来发展和管理健康的工作关系，而且这种关系能够与人们的工作风格和资源相一致，它的特点是互相期望，能够满足其他人的大部分主要需求。我们发现，优秀的管理者们基本上都能做到这两点。

理解你的老板

要管理你的老板需要你理解老板和他的背景，还有你自己的情况。所有的管理者在一定程度上都是这样做的，但很多人做得不够彻底。

至少，你需要了解老板的目标和压力，他的优势和弱势。你的老板的组织和个人目标是什么？他有什么压力？尤其是他自己的老板或同级别的其他人给了他哪些压力？你的老板的长处和盲点是什么？他喜欢的工作风格是什么？你的老板喜欢从哪里获得信息，是备忘录、正式会议还是电话？他面对冲突时是兴奋，还是尽力将它最小化？

没有这些信息，一个管理者在处理与老板关系时就会非常盲目，不可避免地出现不必要的冲突、误解和问题。

我们曾经研究过一个案例，一个拔尖的营销经理具有非常好的业绩记录，被雇用到一家公司做副总裁，来“清理营销和销售问题”。这家公司当时正面临财务困境，最近刚刚被一家大型公司收购。总裁迫切地想扭转局面，给了新的营销副总裁完全的行动自由，至少最初是这样。这位新的副总裁根据从前的经验正确诊断出，公司需要更大的市场份额，而实现这一点需要强有力的产品管理。按照这个思路，他做了一系列价格决策，旨在增加大批量的业务。

然而，由于毛利下降，而财务状况没有改善，总裁增加了对这位新任副总裁的压力。副总裁相信，随着公司夺回市场份额，形势最终会转变过来，所以他顶住了压力。

到了第二个季度，毛利和利润仍然没有改善，总裁开始直接控制所有的价格决策，使所有的产品定价都能达到一定的毛利水平，不管产量是多少。新任副总裁发现自己被总裁排除在外，他们的关系开始恶化。实际上，这个副总裁还认为总裁的行为很怪异。不幸的是，总裁的新定价计划也没能提高毛利，到了第四季度，总裁和副总裁都被解雇了。

改进营销和销售只是总裁的目标之一，当新任副总裁知道这一点时已经太晚了。他最迫切的目标是提高公司的盈利率，而且要迅速提高。

新任副总裁也不知道，他的老板如此重视短期的效果既有个人原因也有业务原因。这位总裁在母公司里一直强烈支持收购，他的个人信誉危如累卵。

副总裁犯了三个基本的错误。他只接受了表面提供给他的信息，在没有信息的地方他自行做出了假设，而且最具破坏性的是，他从来没有积极地去弄清楚老板的目标是什么。结果，他最终采取的行动实际上与总裁的优先顺序和目标并不一致。

与老板有效合作的管理者不会这样做。他们会寻找关于老板的目标、问题、压力的信息。他们会很敏锐地抓住机会向老板和他周围的人提问，以检验自己的假设。他们会关注老板行为中的蛛丝马迹。虽然当他们刚开始与新老板合作的时候，这样做是势在必行的，但是有效的管理者会一直这样做，因为他们知道老板的优先顺序和关注重点是会改变的。

对老板的工作风格保持敏感很关键，特别是在面对一个新老板的时候。例如，一个有条理、正式的新总裁代替了一个非正式、凭直觉的人，就值得引起管理者的关注。新总裁在有书面报告的时候工作状态最好，他也喜欢设定了议程的正式会议。

一个部门经理意识到了这种需要，并与新总裁合作，确定了总裁所需要的信息和报告的种类和频率。这个管理者还在他们讨论之前，提前把背景信息和简要的议程提供给老板。他发现，以这种方式为他们的会议做准备非常有用。另一个有趣的结果是，他发现有了这些准备信息，他的新老板在需要独创性见解的问题上甚至比从前那位非正式和直觉式的总裁更有效。

相反，另一个部门的经理从来没有完全理解新老板的工作风格与前任有什么不同。他所感觉到的差异就是新老板的控制太多。结果，他很少给总裁提供需要的背景资料，总裁也从来没有为他与这个经理的会议做好充分的准备。实际上，在他们会面的时候，总裁要花大量时间了解他觉得他早就应该知道的信息。老板觉得这样的会议很让人失望，也没有效率，下属们也常常发现自己总是对总裁提出的问题措手不及。最后，这个部门经理辞职了。

这里描述的两个经理间的区别不是能力问题，甚至也不是适应性问题。而是一个人对老板的工作风格比另一个人更敏感，对关于老板的需要的暗示更敏感。

理解你自己

老板只是关系的一半。你是另一半,也是你更能直接控制的部分。因此,发展有效的工作关系需要你了解自己的需要、优势和劣势以及个人风格。

你不打算改变自己基本的性格结构,或老板的性格结构。但你可以逐渐了解你自己,哪些特点阻碍或有利于你同老板的合作,有了这些了解,你就可以采取行动,使关系变得更有效。

例如,在我们曾经看到的一个案例中,一个管理者与他的上级每次意见不一致的时候就会产生问题。老板的典型反应是坚持他的立场并过分强调。而管理者的反应是提高赌注,强化他的论点的力度。在这个过程中,他由于愤怒更尖锐地攻击他在老板的假设中看到的逻辑错误。而他的老板则更固执地坚持他最初的观点。可以预见,这个不断升级的循环结果就是让这个下属尽可能避免与他的老板讨论任何可能发生冲突的论题。

在与同事讨论这个问题时,这个管理者发现他对老板的反应与他通常对辩论的反应如出一辙,只有一点不同。他的反应可以击败他的同事,但无法击败他的老板。因为他尝试过与老板讨论这个问题,但是没有成功，所以他得出的结论是，惟一可以改变这种局面的办法就是控制他自己的本能反应。只要两个人陷入僵局，他就会检讨自己是不是缺乏耐心，并建议暂时中止讨论，好好考虑一下再重新碰面。通常当他们重新开始讨论的时候，他们已经充分理解了他们的分歧，并且能够更好地处理这些分歧。

要获得这种层次的自我认识，并按照它去行动是很困难的，但不是不可能的。例如，一位年轻的管理者反思了他过去的经历，明白了他不太善于处理涉及到人的困难问题和情感问题。因为他不喜欢那些问题，并且意识到他对这些问题的本能反应通常都很糟糕。于是，他养成了一个习惯，每次出现这种问题，他都会把情况告诉他的老板。他们的讨论总是能使管理者没有考虑到的观点和方法浮出水面。在许多情况下，他们也能发现老板能采取哪些行动来帮助他。

虽然上下级关系是一种互相依赖的关系，但通常下属对老板的依赖会更多一些。当下属的行动或选择被老板的决策所限制时，这种依赖关系不可避免地让下属感觉到一定程度的挫折，有时会觉得气愤。这是生活中很正常的一部分，即使在最好的关系中也会发生。管理者处理这些挫折的方式主要与他对权威人士的依赖倾向有关。

有些人在这种情况下的本能反应是憎恨老板的权威，反抗老板的决策。有时人们会使冲突升级到超出合适的范围。这种类型的管理者几乎把老板看作是注定的敌人，常常仅仅为了斗争而与老板争斗，自己还没有意识到。下属对受限制的反应通常很强烈，有时候甚至很冲动。由于老板的职位，他把老板看作是前进的阻碍，一个需要回避、至少是需要忍受的障碍。

心理学家把这种反应叫作反依赖行为。虽然大多数上级都很难管理反依赖型的人，而且他们通常有与上级交恶的历史，但是这种管理者如果与倾向于命令或独裁的老板合作，会产生更多麻烦。如果一个管理者常常用一种微妙的、无法用语言表述的方式按照他的负面感觉行事，老板有时真的会成为敌人。老板会感觉到下属潜在的敌意，会对下属或他的判断失去信任，然后行为会更加不开放。

反依赖性型的管理者很多时候
把老板视为组织中的敌人。

矛盾的是，有这种倾向的管理者常常是下属的好老板。他会多次专程为下属提供支持，毫不犹豫地为他们出力。

另一个极端是，有些管理者在老板做出他们明知道很糟糕的决策时也会咽下他们的愤怒，并且非常顺从。即使有时候不同意见可能更受欢迎，或者当老板掌握了更多信息就很容易改变决策的时候，他们也同意老板的意见。由于他们没有给特定的情况带来任何关系,他们的反应与那些反依赖型的管理者一样过分。他们没有把老板看作是对手,否认他们的愤怒。这是另一个极端倾向于把老板看成全知的父母,对事情知道得最清楚,会对他们的职业生涯负责,会教给他们需要了解的所有东西,会保护他们免受过分野心勃勃的同事的威胁。

反依赖和过分依赖都会导致管理者对老板持一种不现实的看法。这两种观点都忽略了,大部分的老板都像每个其他人一样,是不完美的和易犯错的。他们没有无限的时间、百科全书一样的知识或超感觉的领悟力。他们也不是邪恶的敌人。他们有自己的压力和所关心的问题,这些问题有时会与下属的希望不一致,而且通常有很好的理由。

如果没有密集的心理治疗,要改变专制的脾气,特别是极端的专制,几乎是不可能的(心理分析原理和研究指出,这种脾气是深深根植于人的个性和成长过程中的)。然而,了解这两个极端状态和它们之间的范围是很有用的,这可以使你理解自己的倾向落在什么位置,以及这对于你处理与老板的关系有什么意义。

一方面,如果你认为你有一些反依赖的趋势,你就能理解甚至预测你的反应和过分反应会是什么样的。另一方面,如果你认为你有一些过分依赖的趋势,你可以分析一下过分顺从的程度,或没有能力面对使你和你的老板变得低效的真正分歧的程度。

培养和管理关系

对你的老板和你自己有了一个清晰的了解，你通常就可以建立起一种适合你们两人的合作方式，这种合作方式的特点是相互的期望非常明确，并且能够帮助你们两个人工作更有效率和效果。图表 6-1 总结了构成这样的关系的某些因素，下面是其中没有提到的另外一些因素。

图表 6-1　管理老板清单

保证你理解你的老板和他的背景，包括：

目的和目标

压力

优势、弱势、盲点

喜欢的工作风格

评估你自己和你的需要，包括：

强势和弱势

个人风格

对权威人士的依赖倾向

培养和保持一种关系，包括：

适合你的需要和风格
以互相期望为特征
让你的老板随时掌握信息
以依赖和诚实为基础
有选择地使用老板的时间和资源

相互协调的工作风格

除了其他因素以外，与老板良好的工作关系必须能够适应工作风格上的差异。例如，在我们研究过的一个案例中，一位管理者（他同他的上级关系相当好）发现，他的老板在会议中常会变得心不在焉，有时甚至会很无礼。这个下属自己的风格倾向于散漫式的和探索式的。他常常会偏离正在讨论的主题，去讨论背景因素、可选择的其他方法等等。他的老板喜欢讨论背景细节尽可能少的问题，所以每当他的下属偏离了当前的问题，他就变得不耐烦和心不在焉。

意识到风格的差别后，这个管理者在与老板开会的时候变得更简洁和直接。为了帮助自己做到这点，他会在会议前制作一个简短的议程表作为指导。当他感到需要离题时，他会解释原因。他自己的风格的这个小小的改变使会议更有效了，两个人的沮丧感也少得多了。

下属可以根据老板喜欢的接收信息的方法来调整自己的风格。彼得·德鲁克将老板分为"倾听者"和"阅读者"两种类型。有些老板喜欢以报告的形式获得信息,这样他们就可以阅读和研究它。还有些人更喜欢由个人陈述的信息和报告,因为这样他们能够提问题。就像德鲁克指出的那样,这个暗示是很明显的。如果你的老板是个倾听者,你就要亲自向他作简要的汇报,然后再附上备忘录。如果你的老板是个阅读者,你就应该把重要的项目或建议都写在备忘录或报告里,然后再与老板讨论这些内容。

根据老板的决策风格,还可以进行其他调整。当出现问题的时候,有些老板喜欢参与决策和解决问题。这些参与程度很高的管理者喜欢随时掌握运营的动向。如果你根据一个特定的基础,让他们随时了解情况,通常他们的需要(和你自己的需要)能得到最好的满足。需要参与进来的老板总会以这种或那种方式参与进来,因此你主动请他参与进来是有好处的。还有一些老板喜欢授权,因为他们不想参与。他们希望你只向他们提出一些主要的问题,然后把任何重要的变化随时通知他们。

建立协调的关系还涉及到互相取长补短。我们研究过的一位管理者因为知道他的老板工程副总裁不太善于监督下属的问题,所以他决定自己来做。这样做的风险很高,因为工程师和技术人员都是工会成员,公司以顾客的合同为基础开展工作，而且公司最近刚经历了一次严重的罢工。

这位管理者与他的老板紧密配合，与规划部和人力资源部一道，共同避免潜在的问题。他也确立了一个非正式的安排，让他的老板可以同他一起考察提出的任何改变人员政策或任务分配政策的建议，然后再采取行动。他的老板很重视这个建议，并且赞成他改进部门的业绩和劳动力管理的风气。

互相期望

如果下属被动地认为他了解老板的期望，就会陷入麻烦。当然，有些上级会很清晰、详细地表明他们的期望。但大部分上级都不会这样做。而且，虽然许多公司都有一些制度（如正式的规划过程、职业规划评价、业绩评估），为沟通期望提供了基础，但是这些制度的效果永远不可能达到完美。同时，在这些正式检查之间，期望总是会发生变化。

最终，负担落到下属身上，他们必须发现老板的期望是什么。这些期望可能很宽泛（例如老板希望了解什么类型的问题，什么时候了解）也可能很具体（例如老板希望一个具体的项目什么时候完成，在这个过程中老板想知道什么类型的信息）。

有一个倾向于不清晰表达期望的老板会很累。但有效的管理者会想办法得到信息。有些人会起草一个详细的备忘录，把他们工作关键的方面写进去，然后把它呈送给老板批示。他们接下来会面对面地就备忘录中的各条目与老板讨论。这样的讨论通常会让老板所有的期望浮出水面。

在面对不愿意清晰表达期望的老板时，还有些有效的管理者会主动与老板进行一连串有关“好的管理者”和“我们的目标”的非正式的讨论。还有一些管理者会更间接地通过那些过去为老板工作过的人获得有用的信息，或者通过老板向他的上级做出承诺的正式的规划制度中获得。当然，你应该根据你对老板的风格的理解来选择获得信息的方法。

形成一系列有效的互相期望还需要你与老板沟通你的期望，明确这些期望是否切实可行，并影响老板接受那些对你重要的期望。如果你的老板是一个有超凡成就的人，能够影响老板重视你的期望就特别重要了。这样的老板常常会设立不现实的高标准，需要下属把它拉回现实。

信息沟通

一个老板需要知道多少关于下属工作的信息与老板的风格、他所处的情况和他对下属的信任有很大关系。但是通常老板需要的信息都比下属必然会提供给他的信息多，而下属也常常对老板了解的信息量估计过高。有效的管理者意识到，他们可能会低估老板需要了解的信息量，所以，他们努力确保老板能找到一种适合他们风格的方法，以便在整个过程中随时了解信息。

如果老板不喜欢听到问题，管理向上的信息流会特别困难。虽然许多人会否认这一点，但是老板常常会发出他们只想听到好消息的信号。如果有人告诉他们一个问题，他们会表现得非常不高兴，通常是非语言的表达。他们会忽略一个人的成就，甚至可能会对那些不给他们带来问题的下属评价更好。

不管怎样，为了组织、老板和下属的利益，上级不仅需要听到成功的消息，也需要倾听失败的消息。有些下属在面对只喜欢听好消息的老板时，会找一些间接的方式让他们获得必要的信息，比如通过管理信息系统。还有的人很注意及时沟通潜在的问题，无论这些问题是以惊喜的形式还是以坏消息的形式出现。

依赖和诚实

几乎没有什么事情比一个指望不上、工作无法让人信任的下属更能削弱老板的能力了。几乎没有人故意不可信赖，但是许多管理者无意间就会这样，因为他们忽略了或无法确定老板处理事情的优先顺序。承诺会有一个最佳表现的截止日期确实会在短期内让上级满意,但如果没有兑现,这个承诺就会成为不愉快的源泉。老板很难信赖一个反复超过最后期限的下属。就像一位总裁(描述一个下属时)所说:“我宁愿他始终如一,即使他很少有巨大的成功,至少我能信赖他。”

同样,许多管理者也不是故意对老板不诚实。但他们很容易掩盖真相、淡化问题。目前令人担忧的事情经常会变成未来令人惊讶的问题。如果老板不能指望从下属那里得到比较准确的报告,他几乎不可能有效地工作。因为不诚实会破坏可信性,所以它也许是下属最糟糕的一种品质。没有最基本的信任,老板会感到必须去检查下属的每一项决策,很难进行授权。

有效利用时间和资源

你的老板可能像你一样,时间、精力和影响力都是有限的。你对老板提出的每个要求都会用掉其中一些资源,所以最好有选择地利用这些资源。这看上去很明显,但许多管理者把老板的时间(和自己的可信性)都消耗在了一些琐碎的事情上。

一个副总裁想尽办法让他的老板去解雇另一个部门一个爱管闲事的秘书。他的老板必须运用相当大的影响力去做这件事。可以理解,另一个部门的主管很不高兴。后来,当这个副总裁想要解决一个更重要的问题时，他陷入了麻烦。他在琐碎的事情上用光了重要的资源，结果使自己和老板都很难实现更重要的目标。

毫无疑问，有些下属会抱怨，除了其他职责之外，他们还要花时间和精力管理同老板的关系。这样的管理者没有意识到这项活动的重要性，它可以消除潜在的严重问题，从而大大简化他们的工作。有效的管理者认为他们的这部分工作是合理的。他们认为自己要为自己在组织中的成就最终负责，所以他们知道他们需要同他们依赖的每个人建立关系，并维持这种关系，这当然也包括老板。

7. 成功的总经理究竟在做什么

7. 成功的总经理究竟在做什么

下面描述了一个成功的高层管理者生活中十分典型的一天。案例里的人是迈克尔·理查森(Michael Richardson),他是一个投资管理公司的总裁。

上午 7:35 在路上用了一点时间之后,他来到办公室,打开公文包,弄点咖啡,开始处理今天的“待办事项”。

7:40 他的一位下属杰里·布拉德肖(Jerry Bradshaw)来到他的办公室,布拉德肖的办公室就在理查森的隔壁,布拉德肖的职责之一就是作理查森的助理。

7:45 布拉德肖和理查森讨论一些问题,期间理查森给布拉德肖看他最近在避暑别墅照的照片。

8:00 布拉德肖和理查森谈论今天的日程安排和优先顺序。在这个过程中,他们提及了十几个与客户有关的不同的议题和事件和其他下属。

8:20 另一位下属弗兰克·威尔逊(Frank Wilson)顺路进来。他问了几个关于人员的问题,然后也加入正在进行的讨论。讨论直接、迅速、偶尔还穿插些幽默。

8:30 公司主席、理查森的老板弗雷德·霍利(Fred Holly)顺便到访,加入谈话。他询问了一下关于定在11点的约会的问题,也提到了其他几项议题。

8:40 理查森又去弄些咖啡。布拉德肖、霍利和威尔逊继续讨论。

8:42 理查森回来,一位下属的下属过来打招呼,其他人离开。

8:45 理查森的秘书琼·斯旺森(Joan Swanson)来到办公室。他们讨论了一下她的新公寓和一会儿要召开的会议。

8:49 理查森接到了一个下属的电话,这是他给前一天的电话的回电。他们主要探讨了理查森刚刚收到的报告中的议题。

8:55 他离开办公室,参加他的一个下属主持的定期晨会。大约有 30 人参加了会议。会议期间理查森阅读报告。

9:09 会议结束。理查森留住一个人,同他简短谈话。

9:15 他来到一个下属的办公室,这个下属是公司的法律顾问。他的老板霍利也在那儿。他们讨论了这个律师刚刚接到的一个电话。他们三个人就站在那儿,谈论了可以针对某个问题采取的措施。像往常一样,他们的意见交换得很快,并且充满幽默。

9:30 理查森回到自己的办公室,跟另一个公司的副总裁会面(一个潜在的顾客和供应商)。另一个人是同那个公司联络的专员,是一位下属的下属,也参加了会议。讨论非常热烈。它涉及到了许多议题,从他们的产品到美国的对外关系。

9:50 来访者和下属的下属离开。理查森打开通往布拉德肖的办公室的门,问了一个问题。

9:52 理查森的秘书送来五份业务报告。

9:55 布拉德肖进来问了一个关于顾客的问题,然后离开。

9:58 弗兰克·威尔逊和他的一个下属来访。他给了理查森一份备忘录,然后三个人谈论了一个重要的法律问题。威尔逊不喜欢理查森暂时的决策,督促他再考虑一下。讨论前后进行了 20 分钟,直到他们在下一步行动上达成一致,并决定在第二天 9 点钟采取行动。

10:35 他们离开。理查森浏览桌上的文件,然后拿起一份并给霍利的秘书打电话,询问关于上次董事会的会议纪要。他让她做一些更正。

10:41 他的秘书进来,拿一张送给生病的朋友的卡片。他写了一个便笺随卡片一起送出去。

10:50 他打了一个简短的电话,然后又继续处理桌上的文件。

11:03 他的老板到访。在理查森和霍利开始说话前,理查森又接了一个电话。挂上电话后,他告诉秘书有一个人没收到她发出的一封邮件，让她再发一次。

11:05 霍利提出了两个事件，然后布拉德肖进来。三个人开始谈论杰里·菲利普(Jerry Phillips)，这个人现在已经成了一个棘手的问题。布拉德肖主持了谈话，他告诉另外两个人在过去几天里他就这个问题做了什么。理查森和霍利问了几个问题。过了一会儿，理查森开始做记录。像往常一样，交流非常迅速和直接。他们尽力明确了问题，并提出了下一步可能的几种选择方案。理查森让这个论题来来回回讨论了几次。最后，他们对下一步行动达成一致。

下午 12:00 理查森为自己和布拉德肖订了午饭。布拉德肖进来确认了几个议项。威尔逊顺路过来说，他已经在继续处理早晨的谈话。

5:30 理查森开始收拾公文包。有五个人进来简单地打招呼，每次一或两个人。

5:45 他离开办公室。

至少从十几个方面说，理查森的一天是一个总经理典型的一天。我研究过的成功的总经理一般都遵循这种日常行为模式(具体描述见本章后的"研究基础")：

1. 他们大多数时间都与他人在一起。一般总经理只有 25%的工作时间是独自一个人，而这部分时间大多在家里、在飞机上或在上下班的路上。极少数的总经理与他人相处的时间少于工作时间的 70%，有些人会高达 90%。

2. 除了与他们的直接下属或老板以外，他们还要花时间和许多其他的人共事。总经理通常会与正式的控制链中的每个环节接触。他们通常也会接见一些似乎不重要的外界人士。
3. 这些讨论中的议题相当广泛。总经理不会将它们的焦点限制在计划、业务战略、人员和其他“最高层管理者关注的问题”上。他们几乎会讨论每一件事情，甚至同他们的业务和组织联系很远的事情。
4. 在这些谈话中，总经理通常会问许多问题。在一个半小时的会谈中，有人会询问几百个问题。
5. 在这些谈话中，总经理似乎很少做“重大”的决策。
6. 这些讨论通常包含很多玩笑和与工作无关的话题。这些幽默常常是关于组织或行业中的其他人的。与工作无关的谈话一般会涉及人们的家庭、爱好或最近进行的户外活动(如高尔夫成绩)。
7. 在这些会面中有不少讨论的议题对业务和组织来说并不太重要。也就是说，总经理总会做一些他们甚至可能认为是浪费时间的事情。
8. 在这些会面中，高层管理者很少做出传统意义上的指令。也就是说，他们很少“告诉”人们去做什么。
9. 然而，总经理会不断地尝试影响他人。但是，他们不是告诉人们做什么，而是去询问、请求、笼络、说服和威慑。

10. 总经理常常根据其他人的主动性决定分配多少时间与他们在一起。典型的总经理的大部分工作日是没有计划的。即使是那些有计划的会议安排得很紧凑的总经理，最终也常常会在正式议程之外的主题上花费大量的时间。

11. 他们与他人在一起的大部分时间都是进行简短、不连贯的谈话。讨论一个单独的问题和事件的时间不会超过十分钟。在五分钟的沟通中，总经理会涉及十个不相关的主题，这也并非不是不正常的事情。

12. 他们工作的时间很长。我研究过的一般人每星期工作将近60小时。每星期工作少于55小时的人并不多。虽然他们的部分工作是在家里、上下班的路上、或旅途中完成的，但他们大部分的工作时间都是在办公地点。

我们所描绘的理查森一天中的工作模式与管理行为的其他研究基本上是相一致的，[1]特别是那些针对高层管理者们的研究。[2]然而，就像亨利·明茨伯格（Henry Mintzberg）指出的那样，[3]这种行为与传统概念所认为的高层管理者在做什么（或应该做什么）很不一致，至少在表面上是这样。很难把这些行为划分到"规划"、"组织"、"控制"、"指挥"、"安置人员"等类别中去。

即使人们尽力去分类，他也只会得出两个结论：(1)这些人所做的"规划"和"组织"工作似乎不太系统；

似乎相当混乱、相当随便。(2)许多行为最终会被归类为“以上都不是”。这意味着有些事情是高层管理者不应该做的。然而,混乱恰恰说明,有效的高层管理者在日常行为中的规划和组织是多么的明显,而且是由于可以充分理解的原因。

高效的高层管理者如何进行他们的工作

为了理解高效的高层管理者的行为的原因,首先必须意识到他们在大部分工作中会遇到哪种类型的挑战和困境,最基本的两类是:

➢ 尽管面临着很多不确定性、多样性和大量潜在的相关信息,仍然要决定该做什么。

➢ 要通过大量多样性的人完成工作,尽管对其中大部分人没有直接的控制权。

在复杂的组织中,这些挑战的严重性超过了大部分非高层管理者的想象。而且这些岗位要求对传统的规划、人员配置、组织、指挥和控制等管理职能的意义非常重大。

图表 7-1 指出,高层管理岗位的本质决定了它需要用一种复杂和微妙的方法来进行规划、组织、人员配置等。这种方法必须要考虑到相关的不确定性,以及多样性和潜在相关信息的数量。它还必须努力对付困难

的人际环境；它要用某种方式帮助高层管理者完成工作，尽管他们要依赖很多人，并且其中许多人都不是他们的下属。

图表 7-1　由于总经理这个岗位的性质，岗位要求对传统管理职能的行为含义

对传统管理职能的含义	岗位本身固有的两难选择	
	尽管面临着很多不确定性、多样性和大量潜在的相关信息，仍然要决定该做什么。	要通过大量多样性的人完成工作，尽管对其中大部分人没有直接的控制权。
规划	在这样的背景下，很难做好规划。它需要大量的时间和注意力，不仅仅是每年召开一次系列会议那么简单。它需要良好的信息系统剔除噪声，突出重要数据。	规划的方式绝不能激化已经非常困难的人际环境。因此管理者必须对于书面和口头的规划特别谨慎。
人员配置和组织	某种类型的合理规划或计划是必不可少的，因为没有它，“人员配置”或“组织”就失去了合理的基础。	管理者完成工作所需要的资源包括许多直接下属以外的人。因此，某种形式的“人员配置”和“组织”活动必须以许多其他人为对象，并且这个行动将主要依靠正式的人员配置和组织程序以外的方法。
指挥和控制	某种类型的合理规划或计划是必不可少的，因为如果没有它，就不可能知道该把一个人的注意力引导到众多方面中的哪个方向。没有它，管理者就不知道应该指挥和控制什么。	管理者必须与他所依赖的资源建立一系列密切的合作关系，否则他根本没办法进行“指挥”和“控制”。

对高效的总经理进行的一次测试表明，他们已经

发现了这样的方法，人们通常认为这种方法的核心是"设置议程"(议程设置原义是新闻传媒术语。其核心观点是大众传媒通过对某个社会问题和事件的突出报道和重复强化会引起公众的普遍关心和重视，进而成为社会舆论的中心议题。现在这一概念已被逐步引入管理学。主要说明管理者通过制定一系列的目标及规划，并加以突出强调，从而突现有效管理。——编者注)和"建设网络"。

设置议程

总经理们在刚刚到达一个新岗位的六个月到一年的时间里，通常会花大量时间建立他们的议程。然后他们会不断完善它们，但用的时间会少一些。

高效的高层管理者制定的议程中包括一些联系不十分紧密的目标和规划，表明他们的长期、中期和短期责任。议程中一般包括广泛的财务、产品和市场及组织问题。既包括模糊的项目，也包括明确的项目。图表 7-2 概括了典型总经理议程的内容。

图表 7-2　一个总经理的典型议程

	关键事件		
时间框架	财务	企业产品/市场	组织/人员
长期，5～20年	一个模糊的收益概念，或期望在10～20年达到的投资收益率。	仅仅是关于总经理想要发展的业务类型(产品和市场)的一个模糊概念。	模糊；有时包括总经理所期望的公司类型和它所需要的管理质量。

中期，1～5年	一系列详略适当的销售和利润目标，及未来五年的投资收益率。	关于业务增长的某些目标和计划，例如在1985年以前引入三种新产品，或寻找在通讯业的收购机会。	很少的几项，例如：到1983年我们需要进行一次重大的重组，或到1984年找人接替科里的位置。
短期，0～12个月	每季度和年度的非常详细的财务目标，涉及到所有的财务领域：销售、费用、利润、投资收益率等。	针对以下事情的一系列总目标和规划，例如：各种产品的市场份额，或每个产品线的库存水平等。	一系列项目，例如尽快找人接替史密斯，让琼斯答应负责一系列非常大胆的五年目标。

虽然今天大多数的公司都有制定书面计划的正式规划程序，但是总经理的议程中总会包括目标、优先事项、战略和不包括在这些正式文件中的计划。这并不是说正式的计划和总经理的议程是不一致的。一般情况下它们都非常一致，但至少在三个重要的方面是不同的。

- 第一，正式的计划通常都是以详细的财务数据的形式出现的。总经理的议程中的财务目标不会那么详细，而在业务或组织的战略和计划方面会更详细。
- 第二，正式的计划通常将重点完全放在短期和中期的运营上（三个月至五年），而总经理的议程关注的时间框架通常比较宽，包括不远的未来（1～30天）和长期计划（5～20年）。
- 最后，正式的计划一般更清晰、严格和有逻辑，特别是关于各种财务项目之间的配合。总经理的议程中包括的目标或计划之间的联系通常并不清晰。

如果高层管理者在开始工作之前没有形成这些议程,他也会在进入工作后马上着手进行这项工作。他们会利用对业务和组织的知识,再加上每天接收到的新信息,迅速形成一个粗略的议程,它通常是由一系列联系松散和不完全的目标组成的,还有少量具体的战略和计划。然后,随着时间的推移,他们会收集到越来越多的信息,逐渐(一步一个脚印)使议程更完备,联系也更紧密。

在收集信息确立议程的过程中,高效的总经理会更多地依赖与他人的讨论,而不是书本、杂志或报告。这些人更可能是与他们有关系的人,而不一定是在"合适"的工作或职能上的人(例如规划部门的人)。他们会通过这种方法日复一日地不断获取信息,而不仅仅是在规划会议上获取信息。而且他们会利用他们当前对业务和组织的知识,以及总体上的管理知识,来指导他们提出问题,获得信息,而不仅仅是问一些宽泛的、概括性的问题。也就是说,他们会随着工作时间逐渐增加,找到一种方法询问几个重要的问题,并相应地得到一些对设置议程有用的信息。

有了这些信息,总经理会有意识(即分析性的)或无意识地(即本能地)做出设置议程的决策,决策的程序基本上是他们的头脑中固有的。实际上,重要的设置议程的决策常常并不是显而易见的。在选择将哪些活动包含在议程中的时候，总经理们会寻找那些能够实现多重目标的活动、与其他目标和计划相一致的活动、和在他们有权力实施的范围内的活动。那些看上去很重要、很符合逻辑，但不能满足这个标准的项目和计划会被放弃，或至少受到一些阻碍。

几乎所有高效的总经理都在使用这种程式来设置议程，但那些做得最好的人会做到更彻底，也更有技巧。例如，我研究过的“卓越”的管理者会以更清晰的业务战略为基础设置议程，这个战略涉及的时间跨度更长，包括的业务事项的范围也更广。他们所采取的手段是更积极地从他人那里寻找信息（包括“坏消息”），更有技巧地提出问题，更成功地发现能够帮他们马上实现多重目标的计划和项目。[4]

建立网络

除了制定议程，高效的总经理在他们刚开始接受这个岗位的时候，会抽出大量的时间和精力与一些人建立起合作网络，因为他们觉得这些人是满足他们即将形成的议程所必需的。即使过了头六个月，这项活动仍然会占用相当多的时间；但通常，在工作的头几个月这项工作是最密集的。之后，他们的注意力会转向利用这个网络来实施议程和帮助修改议程。

根据我的观察和人们的描述，这种关系网络建设活动不仅仅是针对直接的下属。总经理所建设的合作网络中包括同事、外界人士、他们老板的老板、和他们下属的下属，总经理会积极寻求与这些人建立起合作关系。实际上，如果他们认为自己的工作会依赖很多人，他们就会同成百上千的人建立关系，有时也会在他们中间建立关系。也就是说，他们既会创立一个与正式计划不同、但大体一致的议程。类似地，他们也会建立一种与正式组织结构不同的关系网络，但大体与正式组织相同。图表 7-3 是一个典型的总经理关系网络图。

图表 7-3　典型的总经理关系网络

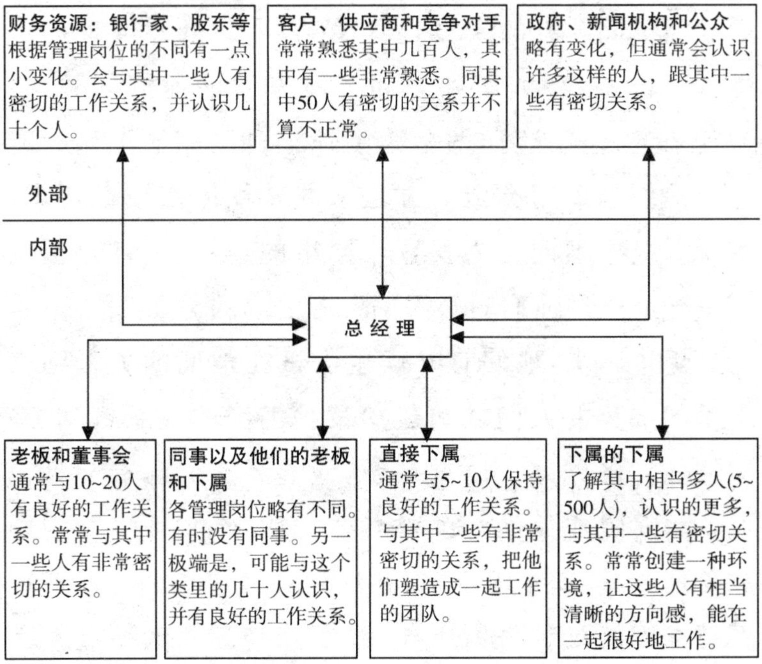

在这些大的网络中，关系的强度和类型有显著的不同；有些关系比其他的关系紧密得多，有些比其他的更个性化，等等。实际上，在某种程度上，网络中的每个关系都是不同的，因为它有独特的历史，它存在于独特的人之间，等等。

总经理们在建立这些合作关系时，会用到多种多样的面对面的方法，他们会试图通过支持其他人或强调他们之间的正式关系让其他人感觉到对他们负有义务，他们的行动方式会鼓励人们与他们保持一致。他们会谨慎地培养他们在其他人眼中的职业声望。他们甚至会努力让别人觉得自己要特别依赖总经理才能获得资源、职业前途或其他人的支持。

除了同现有的人员建立关系，高效的总经理们也常常通过调换、解雇和雇佣下属来发展他们的关系。通常来说，他们这样做是为了强化自己完成工作的能力。他们也采用类似的方法来改变供应商或银行家，游说上级把不同的人安置在同事的位置上，甚至重建董事会来改进他们同必需的资源之间的关系。

更进一步，他们有时候也尝试在他们的关系网络中不同部分的人们之间建立某种类型的关系，以此来塑造他们的网络。也就是说，他们会努力营造一种他们认为对完成他们的议程必要的适当的“环境”（规则和价值观）。通常情况下，在这种环境中人们会愿意按照总经理的议程努力工作，并愿意为了更大的利益而合作。虽然高层管理者们有时也会试图在同事、老板或外界人员间建立这样的环境，但他们通常是在下属中间建立这样的环境。

几乎所有高效的总经理都会使用这样的方法来建设关系网络，但是那些表现最好的人会做得更积极、更有技巧。例如，“优秀”的表现者会同许多有才能的人建立密切的关系网络，在这些人之间建立关系网络，并在他们的下属之间建立关系网络。他们会以高超的技巧广泛地运用各种方法来做到这一点。而“好的”或“还可以的”领导者用来建立网络的方法一般比较少，用得也不太积极，所以建立的网络也比较薄弱。[5]

执行：让关系网络来完成议程

在大致形成人际网络和议程之后，高效的总经理会把注意力转向利用这些网络来实现他们的议程。在这个过程中，他们会调动自己的人际关系技巧、预算资源和信息以各种直接或间接的方式来影响人和事件。

在实施议程的过程中，总经理们事实上常常会调动整个关系网来帮助他们。他们不会把协助者的范围限制于他们的直接下属和老板；必要时，他们会利用所有的关系。在我与总经理相处的时间里，我见过他们中的一些人求助于同事、公司人力资源部门的员工、比他们汇报层次低三级或四级的下属、比他们的汇报层次高两级或三级的老板、供应商或客户、甚至竞争者，来帮助他们把事情做好。没有哪种人是永远没有用的。而且在每一次，基本模式都是相同的：

总经理试图让某项活动按照他的议程的条款进行，他们认为这些议程没有他的干预是不会完成的。

- 他接触的人会有所帮助，常常肯定是这样的。
- 他所接触的人是他的网络的一部分。
- 总经理以立刻实现多重目标为标准来选择人员和方法，而同时又不会无意中打乱人际网络中的重要关系。

与人们接触后，总经理们常常会通过简单地要求或建议他们做什么事情来影响他们，他们知道，由于他们同这些人的关系，这些人会服从。有时候，由于涉及到特殊的问题或关系比较特殊，他们也会利用他们的知识和信息来说服这些人。还有些时候，他们会利用他们能获得的资源来进行谈判。偶尔他们甚至会使用威胁和强迫的手段。

高效的总经理还常常用他们的关系网络对人们进行间接的影响，包括那些不在关系网络中的人。有时候，总经理会说服一个在他关系网络中的人去让另一个不在他关系网络中的人采取某个必要的行动。还有更间接的，总经理有时会接触一些不同的人，要求他们采取一些行动，这些行动会构成一个事件，影响其他人。可能最常见的间接影响的例子就是策划某种事件。典型的情况是，总经理会组织一次或多次会议，并通过参加者和议程的选择来影响他人，而且常常通过他的亲自参与来影响他人。

与直接影响的情况不同，总经理们在间接他人的时候会用到一些象征性的手段。也就是说，他们会把会议、结构、语言、关于组织的故事、时间和空间作为象征，间接地传达某种信息。

所有高效的总经理似乎都用这种方式来完成任务，但其中表现最好的人比其他人更常利用这些方法，而且运用的更有技巧。也就是说，做得比较好的人会动员更多的人去完成更多的任务，并且利用更广泛的影响方法来做到这一点。"优秀的"管理者会以高超的技巧面对面地要求、鼓励、笼络、表扬、奖励、命令、操纵和激励他人。与"好的"管理者相比，他们也更依赖间接方式影响他人。"好的"管理者使用的影响方法总是太少，使用得也不太合适。[6]

工作决定行为

我们每天看到的大多数行为似乎都受到总经理完成工作的方式的直接影响，因此受到工作本身的性质和相关人员的类型的影响。更详细地说，有些行为模式似乎根源于设立议程的方法，有些根源于建立人际网络的方法，有些根源于他们利用人际网络来实施议程的倾向性，还有些根源于整个完成工作的方法。

把大部分时间花在与人相处上（模式 1）好像是总经理整体工作方法和在关系网络中扮演核心角色的必然结果。就像我们在前面看到的，总经理会与他们由于工作关系需要依赖的人建立关系网络，然后他们会利用这个网络来创建、实施和更新组织的议程。如此一来，整个工作方法都涉及到与人的相互作用。因此，我们会毫不惊讶地发现，总经理每天都要花大部分时间与其他人打交道。

与此相似，因为在他的关系网络中包括所有他需要依赖的人，所以总经理会花时间与老板和直接下属以外的人接触（模式 2）也是毫不奇怪的。而且由于议程中一般会包括所有与工作相关的所有长期、中期和短期责任，我们可以预料到总经理与其他人在日常谈话中涉及的议题可能是相当宽泛的（模式 3）。

还有几种其他模式似乎也是总经理设立议程的方法的直接结果。就像我们在前面看到的，设立议程涉及到从网络成员那里不断地收集信息，通常是通过提问的方式。总经理肯定会问大量的问题（模式 4）。掌握了信息后，我们看到，总经理创建的主要是非书面的议程。因此，主要的议程的设立决策常常是看不见的，它们是在总经理的大脑中进行的(模式 5)。

我们还看到，建立关系网络时会用到多种多样的人际关系技巧。由于幽默和非工作讨论可以作为建立关系和在紧张条件下维系关系的有效工具，我们应该对这些工具的经常使用(就像我们所做的那样——模式 6)感到很正常。由于维持关系要求一个人去处理其他人认为重要的事情(而不管这些事情对企业是否重要)，总经理们花时间去处理大量似乎对我们和他们都不重要的事情也就毫不奇怪了(模式 7)。

我在前面已经说过，在总经理的岗位上做过一段时间后，他们的工作重点就是利用他们的关系网络去实施议程。他们会利用各种直接或间接的影响方法来做到这一点。命令只不过是众多方法中的一种。在这些情况下，人们会认为他们将很少命令他人(模式 8)，而是花大量时间去影响他人(模式 9)。

潜藏的真正效率

在所有常见的日常行为模式中，也许最难理解，或者至少最难为人们所欣赏的也许就是，高层管理者们并不是提前详细地计划他们每天的工作，而是临时做出反应(模式 10)；以及他们的谈话是简短和不连贯的(模式 11)。至少从表面上看，这种行为方式似乎特别不符合管理原则。然而这些行为模式大概是所有行为中最重要、最有效率的模式。

下面是一个关于“反应”行为的效果和效率的典型例子。一位总经理在去开会的路上遇见了一个不直接向他汇报的员工。利用这个机会，他与这名员工进行了两分钟的谈话，他（A）问了两个问题，获得了他需要的信息；（B）通过真诚地称赞员工最近作的某件事情，巩固了他们之间的良好关系；（C）让这名员工同意做一件总经理需要做的事情。

在整个巧遇过程中，这位高层管理者脑海中的议程一直引导着他，促使他提出了一些重要的问题，并要求对方采取重要的行动。而且他同他的网络中这个人的关系使他可以得到对方的合作，从而非常迅速地做到这一点。如果他试图提前计划这次偶遇，他就必须提议并出席一次会面，这次会面至少要花 15～30 分钟的时间，也就是说比偶然相遇所用的时间多 750％到 1500％。而且，如果他还没有同这个人建立良好的关系，可能就需要更长时间的会面，或者效果更差。

类似地，议程和关系网络使总经理们可以进行简短和不连贯的、效果卓著的谈话。下面一组非常短的对话发生在约翰·汤普森（John Thompson）的生活中的某一天，他在一家金融服务公司任部门经理，这组对话就是很典型的简短和不连贯的对话。这段对话某天早晨发生在汤普森的办公室里。与他在一起的是他的两个下属，菲尔·道奇(Phil Dodge)和朱迪·史密斯(Jud Smith)。

汤普森：波特(Potter)怎么样？

道奇：他没问题。

史密斯：别忘了芝加哥的事情。

道奇：哦，好的。(自己做了个备忘录)

汤普森：好，那么下个星期怎么样？

道奇：我们定下了。

汤普森：好，顺便问一下，特德(Ted)的状况怎么样？

史密斯：有所好转了。他星期二从医院回来，菲莉丝(Phyllis)说他看上去气色很好。

汤普森：很高兴听到这个消息。希望今后不会复发。

道奇：我下午再过来。(离开房间)

汤普森：好。(对史密斯)我们现在都准备好了吗？

史密斯：是的。(他站起来，准备离开)

劳伦斯：(从大厅走到门口，对汤普森说)你看到四月份的数字了吗？

汤普森：没有，你呢？

劳伦斯：看过了，五分钟前刚刚看过。除了 CD 下降了 5%，其余产品都很好。

汤普森：比我期望的好。

史密斯：我打赌乔治(George)一定会很高兴。

汤普森:(大笑)如果他觉得很高兴,我跟他谈过后他就不会这样觉得了。(汤普森的秘书特纳从门口探进头来说比尔·拉森(Bill Larson)打来了电话。)

汤普森:我来接。你能让乔治一会儿过来一趟吗?(其他人离开,汤普森拿起电话)比尔,早上好。你好吗?……是……对吗?……不,不用担心,我觉得是150万左右。对……好……对,萨莉(Sally)那天晚上也很开心。再次感谢你。好……再见。

劳伦斯:(又走回办公室)您觉得杰拉尔德(Gerald)的建议怎么样。

汤普森:我不喜欢。它不符合我们对公司和海因斯(Hines)的承诺。

劳伦斯:是的,我也是这么想的。杰里(Jerry)想怎么做?

汤普森:我还没跟他说。(他转身去拨电话)让我们看看他在不在。

外人可能觉得这个对话很混乱,但这仅仅是因为外人不具备这些管理者拥有的业务或组织知识,不知道汤普森的议程。也就是说,外人不知道谁是波特、特德、菲莉丝、比尔·拉森、萨莉、海因斯或杰里,不知道芝加哥、四月份的数字、CD或者杰拉尔德的建议到底指的是什么。外人也不可能知道波特或海因斯在汤普森的议程中扮演的角色。但对于了解这些情况的人来说，这段对话是有意义的。

但更重要的是，这些谈话不仅“不混乱”，实际上还有惊人的效率。在不到两分钟时间里，汤普森完成了下面所有的工作：

1. 他了解到迈克·波特同意帮忙解决某项有问题的贷款。那个问题如果不顺利解决，会严重损害汤普森增加某个地区的分公司的业务的计划。
2. 他提醒下属的一位经理打电话给芝加哥的某人，谈论关于那项贷款的事宜。
3. 他制定了下周的计划，那笔贷款已经全部定下来了。这些计划中包括两个内部会议和与顾客的一次谈话。
4. 他了解到特德·詹金斯手术后感觉良好。特德为汤普森工作，他是汤普森在未来两年分公司发展方向计划中一个重要的部分。
5. 他发现除了某种产品以外，分公司其余产品四月份的收入都在预算范围之内，这减轻了他重点关注每个月的利润的压力，可以把注意力重点放在某一种产品的收益上。
6. 他打算与乔治·马索利亚开会讨论四月份的数字。汤普森已经为CD产品线考虑过未来不同的选择，他觉得这个产品线必须达到预算目标，以支持他对这个部门的整体推动力。
7. 他向比尔·拉森提供了一些信息，作为帮助。

比尔在银行的另一个部门工作，和汤普森级别相同。过去拉森对汤普森的帮助很大，他所在的职位未来也会对汤普森非常有帮助。

8. 他打电话给他的下属杰里·威尔金斯，对汤普森的部门有影响的另一个部门提出了一项建议，汤普森想看看杰里对此有什么反应。汤普森担心，这项建议会干扰本部门实现五年收入目标。

总的来说，就像《哈佛商业评论》的一位作者最近指出的那样，约翰·汤普森和我所知道的其他大部分高效的总经理们“善于把握和利用随时发生的每一件事情，以及日常工作中涌现出的各种事件片断。”[7]对于那些表现最好的总经理来说，这个评价似乎尤其正确。而他们能够做到这一点的关键是他们的关系网络和议程。议程安排使总经理们能够对他们周围不断涌现的事件做出机会主义的（也是高度有效的）反应，而他们同时也知道他们这样做是符合一个更宽阔更合理的规范框架的。关系网络使扼要的（非常有效率的）对话变得可行；如果没有这些网络，就不可能出现这样简短但是有丰富含义的对话。议程和关系网络的共同作用使总经理们的日常行为模式在表面上看似乎是“非管理的”，但却使他们具有了高度的效率，有了这样的效率，他们才能在每周不到 60 小时的工作时间内从容应付各种棘手的工作（模式 12）。

最高层管理者最应该做什么

最高层管理者应该做的事情中一些最重要的内容包括：

1. 在开始阶段，仅仅因为一个人是一个成功的“职业经理人”，而把一个不了解相关业务和人员的人放在总经理的位置上可能是风险很大的。除非这项业务很容易学，否则一个人很难了解得足够多、足够快，足以建立一个良好的议程。除非情况简单，相关人员少，否则很难很快建立一个强大的关系网络来实施议程。

特别是那些大型的复杂企业，应该把“培养”组织自己的高层管理者作为最优先考虑的事项之一。虽然今天的许多公司说，培养他们自己的高层管理者很重要，但从蓬勃发展的猎头业务来看，我们可以得出结论，他们要么没有很努力地尝试，要么就是努力没有成功。

2. 大学和公司里的管理培训课程可能都过分强调了正式的工具、明确的问题和人际关系比较简单的情况。

目前很流行的时间管理课程是这个问题最好的例子。这些培训课程简化了与管理工作的性质有关的概念，在这个基础上教导管理者们不要让其他人和问题

“打断”他们的日常工作。他们常常告诉未来的高层管理者，简短和不连贯的谈话是没有效果的。他们建议，人们应该自我约束，不让“不相关”的人或主题打乱自己的时间表。换句话说，他们建议人们采取的行为方式与我们这次研究的管理者的有效行为方式不同。关于“如何主持会议”的研讨会可能同样糟糕。

另一种不合适的课程是以大学为基础开设的高层管理者培训课程，这些课程都强调正式的量化工具。它们都假设，或者至少是隐含地假设，这些量化工具是实现有效业绩的核心。然而所有的证据都表明，尽管这些工具有时候有点用处，但很难说它们是核心。

3. 刚刚担任总经理工作的人可能具有比今天的常规情况更有效的实现速度。最初，一个新的总经理通常需要花大量的时间收集信息、建立关系、为他负责的领域选择基本的方向和建立一个支持性的组织。在最开始的三至六个月，如果上级命令他们完成一些具体的任务，或从事一个特别的项目，这些命令常常会达不到预期目标。实际上，除非将注意力放在设置议程和建设关系网络上，其他行动都是没有效果的。

从更积极的意义上看，有些人没有意识到，如果那些负责监督总经理的人能够敏感地发现新的高层管理者会在哪些地方出问题，并在这些地方为他提供帮助，这些人在总经理刚刚就任时能有很大帮助。这些容易发生问题的地方常常是可以预测的。例如，如果一个人一直在某个职能领域发展，被提升到一个独立的部门担任总经理（这种情况经常发生，特别是在制造业组织中），他们可能就会遇到设置议程的问题，因为他们对部门中的其他职能缺少详细的了解。

另一方面，如果一个人在职业生涯的早期曾经是专业人员、参谋或者助理，突然被提升到总经理的岗位，要为几百甚至几千人负责（这在专业化组织中并不罕见），他们在建立最初的关系网络方面可能会面临困难。他们开始时没有很多关系，他们也不习惯花大量时间来建立一个巨大的关系网络。

在这两种情况下，总经理的老板就都会是一个很有帮助的教练，如果他能够安排一些活动来培养而不是阻碍新的高层管理者应该采取的活动。

4.最后，许多总经理必须执行的正式规划系统可能会妨碍有效的业绩。

一个好的规划系统应该帮助总经理创建一个高水平的议程和能够实施议程的强大关系网络。也就是说，它应该鼓励总经理做战略性的思考，既考虑长期问题也考虑短期问题；并且在每种时间框架下都把财务、产品/市场、组织问题考虑进去。而且，它应该是一个灵活的工具，高层管理者能够用它来组建关系网络。它应该给总经理回旋和选择的余地，这样，他就可以根据下属所期望的环境类型利用规划系统来实现目标。

不幸的是，许多公司的规划系统没有这种功能。

相反，它们把一些严格的"数字"要求强加在总经理身上，这些要求通常不需要在设置议程的过程中进行太多战略性的或长时间跨度的思考，而且会给人们带来不必要的压力，从而给关系网络的建设和维护带来不必要的困难。实际上，有些系统似乎只会发布文件，而且常常是发布很多文件，使高层管理者不能专心去做那些真正重要的事情。

我们研究的基础

这项研究是在 1976 年～1981 年进行的，主要关注了九家公司中的一些成功的总经理。我考察了他们的工作责任，他们是谁，他们来自哪里，他们如何做事，以及在不同的公司和行业中这些内容有什么区别。

这些参加者都负责一个利润中心和多职能的部门。他们所在的城市分布在美国各地。他们涉及的行业也很广泛，包括银行业、咨询业、轮胎和橡胶制造业、电视业、机械设备制造业、报纸、复印机、投资管理、消费产品等等。他们负责的业务有些销售额只有 100 万到 1000 万之间，有些为 1000 万到 5000 万之间，也有些为 5000 万到 1 亿之间，1 亿到 10 亿之间，还有些超过 10 亿。这些高层管理者的平均年龄为 47 岁。1978 年，他们的薪水（平均）是 15 万美元（这相当于 1982 年的 20 万美元以上)。我们选择的所有人都是我们认为在工作中表现很出色的人。

在数据收集过程中,我们在 6～12 个月的时间里访问了每位总经理三次。每次我都至少采访他们 5 个小时,常常会更多。我用了 35 个小时左右的时间观察每个人的日常例行工作,并且对每个人,我都采访了十几个与他合作的人,每个人的采访时间都是一小时。总经理们还填写了两份问卷,并提供了相关的文件,例如业务规划、约会日记和年度报告。根据这些不同的材料,我了解了与总经理的背景、个性、工作、工作环境、行为和业绩有关的信息。因为与每个人相关的数据收集工作都花了我相当多的精力,我不得不只选择 15 位总经理进行研究。

我衡量总经理的业绩时既用到了"硬"指标,也用到了"软"指标。前者包括衡量收益和利润增长的指标,既包括绝对值,也包括与计划对比的情况。后者包括与总经理合作的人的意见(包括老板、下属和同事),而且如果可能,也包括了行业分析师对他们的看法。利用这种方法,我认为大部分总经理都工作得"非常好"。有少数可以被评为"出色",还有少数可以被评为"好/还行"。

注释

注　　释

第一部分 2.　选择变革战略

1. Niccolo Machiavelli, The Prince.

2. Marvin Bower and C. Lee Walton, Jr., "Gearing a Business to the Future," *in Challenge to Leadership* (New York: The Conference Board, 1973), p. 126。

3. 要了解关于变革的频率的最近的证据，请参见 Stephen A. Allen, "Organizational Choice and General Influence Network for Diversified Companies," *Academy of Management Journal* (September 1978): 341。

4. 例如，可参见 Robert A. Luke, Jr., "A Structural Approach to Organizational Change," *Journal of Applied Behavioral Science* (September-October 1973): 611。

5. 要了解关于公司中的权力和政治的讨论，请参见 Zaleznik and Manfred F. R. Kets de Vris, *Power and the Corporate Mind* (Boston: Houghton Mifflin, 1975)，第 6 章，和 Robert H. Miles, *Macro Organizational Behavior* (Pacific Palisades, Calif.: Goodyear, 1978)，第 4 章。

6. 参见 Edgar H. Schein, *Organizational Psychology* (Englewood Cliffs, N.J.: Prentice-Hall, 1965), p. 44。

7. 参见 Chris Argyris, *Intervention Theory and Method*

(Reading, Mass.: Addison-Wesley, 1970), p. 70。

8. 参见 Paul R. Lawrence, "How to Deal with Resistance to Change," *Harvard Business Review* (May-June 1954): 49, 作为 HBR Classic 重新印刷, January-February 1969, p. 4。

9. 要了解关于以性格为基础的抗拒的讨论,请参见 Goodwin Watson, "Resistance to Change," in *The Planning of Change*, eds. Warren G. Bennis, Kenneth F. Benne 和 Robert Chin (New York: Holt, Rinehart, and Winston, 1969), p. 489。

10. Peter F. Drucker, *The Practice of Management* (New York: Harper and Row, 1954).

11. 要了解关于抗拒和抗拒的原因的一般讨论,请参见 Chapter 3 in Gerald Zaltman and Robert Duncan, *Strategies for Planned Change* (New York: John Wiley, 1977)。

12. 例如,可参见 Alfred J. Marrow, David F. Bowers, and Stanley E. Seashore, *Management by Participation* (New York: Harper and Row, 1967)。

13. Zaltman and Duncan, *Strategies for Planned Change*,第 4 章。

14. 要了解关于谈判的精彩讨论,请参见 Gerald I. Nierenberg, *The Art of Negotiating* (Birmingham, Ala.: Cornerstone, 1968)。

15. 参见 John P. Kotter, "Power, Dependence, and Effective Management," *Harvard Business Review* (July-August 1977):125。

16. 同上。第 135 页。

17. 参见 Larry E. Greiner, "Patterns of Organization Change," *Harvard Business Review* (May-June 1967):119,

和 Larry E. Greiner and Louis B. Barnes, "Organization Change and Development," in *Organizational Change*、*and Development*, eds. Gene W. Dalton and Paul R. Lawrence (Homewood, Ill. :Irwin, 1970), p. 3。

18. 要了解关于一种尝试将阻力最小化的方法的精彩讨论，请参见 Renato Tagiuri, "Notes on the Management of Change: Implication of Postulating a Need for Competence," in John P. Kotter, Leonard A. Schlesinger, and Vijay Sathe, *Organization* (Homewood, Ill. : Irwin, 1979)。

19. Jay W. Lorsch, "Managing Change," in *Organizational Behavior and Administration*, eds. Paul R. Lawrence, Louis B. Barnes, and Jay W. Lorsch (Homewood, Ill. : Irwin, 1976), p. 676.

20. 同上。

21. 同上。

22. Michael Beer, Organization Change and Development: A Systems View (Pacific Palisades, Calif. : Goodyear, 1980).

第二部分 5. 权力、依赖与有效管理

1. Charles A. Reich, *The Greening of America: How the Youth Revolution Is Trying to Make America Liveable* (New York: Random House, 1970).

2. 参见 Leonard R. Sayles, *Managerial Behavior: Administration in Complex Organization* (New York: McGraw-Hill, 1964)，以及 Rosemary Stewart, *Managers and Their Jobs* (London: Macmillan, 1967)和 *Contrasts in Management* (London: McGraw-Hill, 1976)。

3. 我讨论的是 Henry Mintzberg 发现的无法解释的差异

类型，请参见他的文章"The Manager's Job: Folklore and Fact," *Harvard Business Review* (March-April 1990):163。

4. 这种分类方法与 John R. P. French 和 Bertram Raven 提出的五种分类方法非常相似，请参见"*The Base of Social Power*," *Group Dynamics: Research and Theory*, Dorwin Cartwright and Alvin Zandler, eds. (New York: Harper & Row, 1968)，第 20 章。其中三类与 Max Weber 在 *The Theory of Social and Economic Organization* (New York: Free Press, 1947)中描述的以"权威"为基础的权力类型很相似。

5. 要了解关于这种方法的精彩讨论，请参见 Richard E. Neustadt, *Presidential Power* (New York: John Wiley, 1960)。

6. 参见 Edward C. Banfield, *Political Influence* (New York: Free Press, 1965)，第 11 章。

7. 参见 David C. McClelland and David H. Burnham, "Power Is the Great Motivator," *Harvard Business Review* (March-April 1976):100。

第二部分 7. 成功的总经理究竟在做什么

1. 例如 Sune Carlson, *Executive Behavior: A Study of the Work Load and the Working Methods of Managing Directors* (Stockholm, Sweden: Stromberg, 1951); Thomas Burns, "Management in Action," *Operational Research Quarterly 8*(1957); Rosemary Stewart, "To Understand the Manager's Job: Consider Demands, Constraints, Choices," *Organizational Dynamics* (Spring 1976):22; Michael Cohen and James March, *Leadership and Ambiguity* (New York: McGraw-Hill, 1974); R. Dubin and S. L. Spray, "Executive Behavior and Interaction," *Industrial Relations 3* (1964):99;

和 E. Brewer and J. W. C. Tomlinson, "The Manager's Working Day," *Journal of Industrial Economics* 12(1964):191。

2. 参见 Morgan McCall, Ann Morrison, and Robert Hannan, "Studies of Managerial Work: Results and Methods," *Technical Report No. 9* (Greensboro, N.C.: Center for Creative Leadership, 1978)。这个优秀的报告概括了几十个不同的研究,从 Sune Carlson 在 1951 年开创性的研究,到 Mintzberg、Stewart 和其他人最近的研究成果都包括在内。

3. 参见 The Manager's Job: Folklore or Fact," *Harvard Business Review* (July-August 1975):49。

4. 尽管今天关于管理的传统知识并没有普遍认识到这些模式,但是其他研究中的证据表明,总经理和其他最高层管理者确实会使用这样的方法。例如,可参见 James Brian Quinn, *Strategies for Change: Logical Incrementalism* (Homewood, Ill.: Richard D. Irwin, 1980); Henry Mintzberg, *The Nature of Managerial Work* (New York: Harper & Row, 1973); H. Edward Wrapp, "Good Managers Don't Make Policy Decisions," *Harvard Business Review* (September-October 1967): 91; Charles Lindblom, "The Science of 'Muddling Through,'" *Public Administration Review* 19 (1959): 79; James March and Herbert Simon, *Organizations* (New York: John Wiley, 1958); Chester Barnard, *The Functions of the Executive* (Cambridge: Harvard University Press, 1939); Rosemary Stewart, "Managerial Agendas—Reactive or Proactive," *Organizational Dynamics* (Autumn 1979):34; Frank Aguilar, *Scanning the Business Environment* (New York: Macmillan, 1967);和 Michael McCaskey, "A Contingency Approach to Planning: Planning with Goals and Planning without Goals," *Academy of Management Journal* (June

1974):91。

5. 尽管其他研究并没有提供大量支持性的证据,但是确实有些研究的结论与这些发现一致。例如,可参见 John F. Gabarro, "Socialization at the Top—How CEOs and Their Subordinates Evolve Interpersonal Contacts," *Organizational Dynamics* (Winter 1979):2; Jeffrey Pfeffer and Jerry Salancik, "Who Gets Power and How They Hold on to It," *Organizational Dynamics* (Winter 1977):2;我的文章,"Power, Dependence, and Effective Management," *Harvard Business Review* (July-August 1977):125; Melville Dalton, *Men Who Manage* (New York: John Wiley, 1959);和 Richard Tanner Pascale and Anthony G. Athos, *The Art of Japanese Management* (New York: Simon & Schuster, 1981)。

6. 同样,在某些管理文献中也认可和讨论了这种类型的行为,但是这样的文献并不多。尤其可以参见 Thomas J. Peters 和 Jeffrey Pfeffer 最近的作品。例如,可参见 Thomas J. Peters, "Symbols, Patterns, and Settings: An Optimistic Case for Getting Things Done," *Organizational Dynamics* (Autumn 1978); 和 Jeffrey Pfeffer, "Management as Symbolic Action," in *Research in Organizational Behavior*, vol. 3, L. L. Cummings and Barry M. Staw, ed. (Greenwich, Conn.: JAI Press, 1980)。还可以参见 Andrew Pettigrew, *The Politics of Organizational Decision Making* (London: Tavistock Publications, 1973);和我的文章"Power, Dependence, and Effective Management," *Harvard Business Review* (July-August 1977):125。

7. Thomas J. Peters, "Leadership: Sad Facts and Silver Linings," *Harvard Business Review* (November-December 1979):164。

作者简介

作 者 简 介

约翰·P. 科特是哈佛商学院的松下幸之助领导力教授。他先后毕业于麻省理工大学和哈佛大学，从1972年开始在哈佛商学院担任教职。1981年，当他34岁的时候，获得终身教职，并升为正教授，这使他成为哈佛大学历史上获此荣誉的最年轻的人之一。

从1968年到现在，科特教授一直为400多家企业和公共机构担任顾问和公共发言人。他还在Army Science Board和AMI Corporate College、McBer和Scitex America的董事会供职。他的众多客户中包括：AMD公司、联信公司、好事达保险公司、美国铝业公司、氰胺公司、美国运通公司、Applican公司、ARCO公司、澳大利亚管理协会、雅芳公司、贝恩公司、麦克考依第一银行公司、爱尔兰银行、巴克莱银行、百特公司、百时美-施贵宝公司、CIT集团、加拿大保险公司、可口可乐公司、数字设备公司、邓白氏公司、福莱曼基金、第一联合公司、通用电气公司、通用磨坊公司、通用汽车公司、GTE公司、古德里奇公司、哈里斯公司、海德思哲猎头公司、好时公司、霍尼韦尔、IBM公司、强生公司、吉时利仪器公司、凯旋先驱、万豪公司、麦道公司、美林公司、美孚石油公司、孟山都公司、摩托罗拉公司、NCR公司、耐斯特公司、纽约人寿保险公司、毕马威会计师事务所、百事公司、飞利浦公司、普华会计师事务所、

RCA公司、锐步国际、纳比斯科、Sara Lee公司、Scitex公司、斯科特纸业公司、壳牌石油公司、索尼公司、西南贝尔、时代、TRW公司和普强公司等。

科特教授有许多商业方面的著作，其中包括 Matsushita Leadership: Lessons from the 20th Century's Most Remarkable Entrepreneur（1997）、Leading Change（1996）、The New Rules: How to Succeed in Today's Post-Corporate World（1995）、Corporate Culture and Performance（与 James L. Heskett 合著，1992）、A Force for Change: How Leadership Differs from Management（1990）、The Leadership Factor（1988）、Power and Influence: Beyond Formal Authority（1985）和 The General Managers（1982）等。他还制作了两部广受赞誉的高层管理者视频资料，Leadership（1991）和 Corporate Culture（1993）。他的书已经被印刷成50多种英文以外的版本，图书总销售量达到100多万册。他发表在《哈佛商业评论》中的文章被销售了150多万册。

科特教授赢得的众多荣誉中包括《金融时报》、博思管理咨询公司全球商业书籍评比第一名，因在商业研究生院课程设计中的创新获得埃克森奖、因在商业领导力方面的新观点获得约翰逊、史密斯和尼斯利奖，以及《哈佛商业评论》麦肯锡年度最佳文章奖。

科特教授与他的妻子南希、孩子卡罗琳和乔纳森生活在马萨诸塞州的剑桥市和新汉普夏的阿什兰。